Pablo Picasso

Die Lebensgeschichte

Dagmar Feghelm

Pablo Picasso

Die Lebensgeschichte

PRESTEL
München · Berlin · London · New York

Inhalt

Zwei echte Picassos! Der kleine Paulo,
gemalt vom großen Pablo, ist dem
Papa wie aus dem Gesicht geschnitten.

Prinz Pablo

Málaga im Jahr 1886: jeden Morgen das gleiche Schauspiel!

Nur mit größter Mühe gelingt es dem Dienstmädchen der Familie des Malers José Ruiz Blasco, den kleinen Pablo aus der Haustür zu bugsieren und Richtung Schule zu zerren. Mutter, Großmutter und Tanten blicken ihrem schreienden Liebling besorgt hinterher. Wird man Pablito heute schimpfen, weil er ständig in seinen Heften herummalt? Wird er wieder ausgelacht, weil er mitten im Unterricht ans Fenster geht und den Leuten auf der Straße zuwinkt? Und vor allem: quält man den armen Jungen heute wieder mit dem grässlichen Rechnen, wo er doch nicht davon abzubringen ist, in den Zahlen immer nur irgendwelche Formen und Figuren zu sehen? Die 7 ist für ihn eine umgekehrte Nase, die 0 das Auge einer Taube – und schwups, statt einer ordentlichen Rechenaufgabe mit Plus und Minus prangt da ein neues Bildchen auf dem Blatt…

Nun, das war zu erwarten bei einem Kind, dessen erstes Wort nicht etwa »Mama«, sondern »piz, piz« war – für »lápiz«, Bleistift, der sein liebstes Spielzeug ist. Wie schnell der Kleine raushatte, dass er für seine schwungvoll hingezeichneten Spiralen Lob und einen Gebäckkringel einheimsen konnte! Nicht, dass man für dieses Talent bei ihm daheim kein Verständnis hätte – Pablos Vater ist schließlich Künstler. Als Zeichenlehrer an der Kunstschule der kleinen Stadt am Mittelmeer fristet er ein bescheidenes Dasein. Mit seinen Taubenbildern aber hat er sich einen Namen gemacht. Wer in Málaga auf sich hält, hat einen von Ruiz feinsäuberlich gemalten, goldgerahmten Taubenschlag im Esszimmer. Für sich ist der Vater mit dem bisschen Ruhm ganz zufrieden.

Welch ein Talent!
Aus ihm soll etwas werden.

Als Spross einer altehrwürdigen, leider verarmten Familie und ehemaliger Lebemann von elegantem Aussehen sieht er sein Glück nicht in Geld und Karriere. Sein Sohn aber gibt Anlass zu den schönsten Hoffnungen. Welch ein Talent! Aus ihm soll etwas werden. Zum Beispiel Porträtmaler oder gar Professor der Kunstakademie. Unter Anleitung von Papa muss sich der Junge nicht mit Kindergekrakel aufhalten. Stellt er sich nicht erfreulich geschickt an beim Abmalen von Vaters Bildern? Schon im zarten Alter von fünf Jahren hat er verstanden, dass er beim Zeichnen einer Taube von ihren geometrischen Grundformen ausgehen muss. Wenn er doch an der Kunstschule mehr so gelehrige Schüler hätte! Wenn Pablo doch in allem so eifrig und geschickt wäre wie beim Zeichnen!

Auch die Frauen des Hauses sehen in Pablo ein wahres Wunderkind. Schon seine Geburt war ein Wunder! Damals, in der Nacht des 25. Oktober 1881, hielt man ihn zunächst für tot. Maßlose Verzweiflung! Als Onkel Salvador ihm als letzten Belebungsversuch den Rauch seiner Zigarre fest ins stille Gesichtchen pustet – da brüllt er aber los, der Stammhalter! Um ihn auf seinem Lebensweg recht vielen Heiligen ans Herz zu legen, spart man bei der Taufe nicht mit Vornamen. Weil »Pablo Diego José Francisco de Paulo Juan Nepomuceno María de los Remedios

Crispín Crispiano Santíssima Trinidad Ruiz y Picasso« im Alltag doch etwas sperrig klingt, ruft man ihn Pablo Ruiz. Ein Prinz ist er auch so. Besonders für seine Mutter María Picasso López. Dass ihr Pablo etwas Besonderes ist, steht für sie fest! Schon der Blick des bildhübschen Kleinen – wer kann ihm widerstehen? Mit Sicherheit wird er einen kometenhaften Aufstieg nehmen. Darauf kann man ihn nicht früh genug vorbereiten: »Wenn du Soldat wirst, wird mit Sicherheit ein hoher General aus dir, wenn du Mönch wirst, schaffst du es bis auf den Papstthron.«

Doch Pablo will nicht General oder Papst werden. Auch nicht Professor. Eher schon Torero! Aber eigentlich will er immer nur malen und zeichnen. Nichts ist vor seinem Stift sicher. Sogar an den antiken Muskelprotz Herkules, dessen Bild im Flur hängt, wagt er sich. Mit acht Jahren malt er sein erstes Ölbild – einen Stierkämpfer. Das Betüddeln der Frauen um ihn herum lässt sich der Wunderknabe gern gefallen, ansonsten lebt er ungestört in seiner eigenen Welt. Die kam bisher nur einmal ins Wanken. Als er drei Jahre alt ist, zwingt ein Erdbeben die Familie zur überstürzten Flucht. Drei Tage später hat er eine Schwester. Ist das nicht seltsam?

Dass ihr Pablo etwas Besonderes ist, steht für sie fest! Wer kann ihm widerstehen?

Für Pablo gehören Naturkatastrophe und Geburt als geheimnisvolle göttliche Machtzeichen nun zusammen. Und nichts Geringeres als dieses Erdbeben läutet auch das wahrhaft erschütternde Ende seines Weltbilds ein. Seine Prinzenrolle als einziges Hätschelkind der Familie ist mit Lolas Geburt für immer dahin!

Das nächste Desaster, das ihn trifft, ist der Alptraum Schule. Papa verhindert das Schlimmste. Bald kann Pablo auf die kleine Privatschule eines väterlichen Freundes wechseln. Auch dort bringt das jeglichem Lehrstoff abgeneigte kleine Zeichengenie alle zur Verzweiflung. Seine Art von Intelligenz ist einfach nicht schultauglich! Weil Pablos Aufmerksamkeit sowieso nur dem quälend langsamen Zeiger der Uhr gilt, darf er die Stunden nun mit dem Zeichenblock bei der Frau des Direktors in der Küche zubringen. Und bevor die Familie nach La Coruña zieht, schafft es der Vater, ihm im heimischen Málaga schnell noch nachsichtige Prüfer für das Übertrittszeugnis zu verschaffen.

La Coruña

Weil der Vater seine Arbeit verliert, muss er 1891 eine Stelle als Lehrer im fernen La Coruña annehmen. Die Schifffahrt in die neue Heimat geht strikt gen Norden und verläuft stürmisch. Gewöhnt ans Mittelmeerklima, ist die Ankunft der Familie an der spätherbstlich rauen Atlantikküste ein Schock. Dem folgt ein Kulturschock – das galizische Spanisch unterscheidet sich himmelweit vom andalusischen! Auch die Menschen sind anders. Am meisten bedrückt dies Don José: »In La Coruña verließ mein Vater nie das Haus, außer um in die Kunstschule zu gehen. Die übrige Zeit saß er am Fenster und sah zu, wie es regnete… Kein Málaga, keine Stiere, keine Freunde, nichts.«

Pablo aber scheint sich überraschend gut einzugewöhnen. Mit zehn Jahren ist er im besten Lausbubenalter, und so einer findet überall Anschluss. Schon in Málaga hat er sich bei den Zigeunern seines Viertels rumgetrieben und von ihnen allerlei Tricks gelernt, Rauchen durchs Nasenloch etwa. Er ist zwar klein für sein Alter, aber beileibe kein Milchbubi! So dauert es nicht lang, und er ist in La Coruña Anführer einer Bande von Jungs. Vielleicht wegen seiner typisch andalusischen Leidenschaft für den Stierkampf? Jedenfalls sind Stierkampfspiele in seiner Clique absolut angesagt. Mit wechselnden Rollen macht man den Stier oder den Torero. Einer muss seine Jacke als Capa opfern, um den Stier zu reizen. Aus dem verschreckten ABC-Schützen mit Lernproblemen ist ein frecher Bengel mit Lernproblemen geworden – auch eine Karriere!

1892 wechselt Pablo an die Kunstschule. Hier besucht er die Klasse des Vaters. Der schont sein Wunderkind kein bisschen. Wie alle anderen muss Pablo das ganze Pipapo der akademischen Ausbildung durchlaufen. Als da wäre: das Kopieren von Gipsfiguren. Das Zeichnen nach Vorlagen. Und das Zeichnen nach lebenden Modellen. Brav macht Pablo Kohlestudien von rechten Beinen, linken Daumen, rechten Händen und linken Füßen. So hat seine Lehre von der Pike auf wahrlich Hand und Fuß!

Hat er die Hausaufgaben gemacht und zum x-ten Mal das Auge irgendeiner antiken Statue abgezeichnet, lässt der Elfjährige seiner Phantasie freien Lauf. Bewaffnet mit dem Bleistift betritt er die Stierkampfarena. Gleich ist er mitten in einer dramatischen Szene (Abb. S. 101) Gebannt verfolgt das Publikum den Kampf. Olé! Oje! Der Torero! Er ist gestolpert! Sein Schwert fällt zu Boden. Der Stier steht vor dem Tuch. Er strotzt vor Kraft. Gleich wird er seine Chance wittern. Wird er den wehrlosen Torero überrennen? Ihm seine Hörner in den Leib rammen? Mit schnellen, sicheren Strichen malt Pablo sich und uns die Situation auf Leben und Tod aus. Wem das zuviel ist,

Er ist zwar klein für sein Alter, aber beileibe kein Milchbubi!

der drehe das Blatt. Und schon haben fünf Tauben, sorgfältig gezeichnet wie von Papa, ihren Auftritt. Friedlich gehen sie ihrer Lieblingsbeschäftigung nach – herumstehen und picken.

Nein, für Pablo ist die Zeit im kalten La Coruña nicht übel. Hier wächst sein Selbstbewusstsein – leider mehr als sein Körper. Dass er nie das Gardemaß des Vaters erreichen wird, ist traurig aber wahr. Er kommt eben mehr nach Mama, deren »Füße nicht auf den Boden reichten, wenn sie auf einem Stuhl saß«. Doch was soll's. Ein Genie muss Größe haben, nicht aber groß sein!

Das findet auch seine erste Liebe. Sie heißt Angeles und geht in seine Klasse. Man schreibt sich Briefchen. Aus den verschlungenen Initialen »AP«, die nun seine Hefte zieren, wird bald ein »APR« für »Angeles Pablo Ruiz« – er hört bereits die Hochzeitsglocken läuten! Die Eltern der Angebeteten hören eher das Gras wachsen. Ihre Angeles in den Fängen des Sohns dieses dahergelaufenen Zeichenlehrers! Sie wird sich die Chancen auf eine bessere Partie verderben! Da gibt's nur eins: das Kind muss eine Weile weg, weit weg, am besten zu Verwandten nach Pamplona. Noch nie hat Pablo eine solche Abfuhr bekommen. Seine Familie ist den Leuten nicht gut genug! Seine romantische Liebe wird in die Niederungen schmutziger Vermutungen und schnöder Berechnung gezerrt! Na, denen wird er's zeigen, wenn er groß ist!

Nun muss er, ob er will oder nicht, Maler werden – für immer und ewig!

Kaum hat Pablos erste Liebe ihr ernüchterndes Ende gefunden, lernt er zum ersten Mal den Tod kennen. 1894 erkrankt seine zweite Schwester, die achtjährige Conchita, an Diphtherie. Wochenlang beherrscht Hoffen und Bangen das Haus. Pablo legt heimlich ein Gelübde ab: wenn Gott macht, dass Conchita überlebt, wird er das Malen lassen, für immer! Ein größeres Opfer kann er nicht bringen. Im Januar 1895 stirbt Conchita. Also hat Gott gemerkt, dass er zweifelte, den Schwur halten zu können. Gott hat gesehen, dass er doch ein bisschen gemalt hat! Zur Strafe hat er Conchita sterben lassen. Er ist schuld. Wie bös der liebe Gott sein kann! Und wie gut. Hat er ihn damit nicht zum Künstler berufen? Erkauft mit dem Tod seiner Schwester! Dass sein tieftrauriger Vater nach Conchitas Tod nie mehr malen will, macht's nicht leichter. Damit hat er den Stab an ihn weitergegeben. Nun muss er, ob er will oder nicht, Maler werden – für immer und ewig!

Nach Conchitas Tod wird der Familie das Leben in La Coruña unerträglich. Zum Glück gelingt es dem Vater, seine Stelle mit einem Lehrer aus Barcelona zu tauschen. Vom äußersten Nordwesten geht es nun an die Nordostküste – damit hat die Familie im September 1895 Spanien einmal fast umrundet.

Barcelona

Nach La Coruña wirkt Barcelona wie eine Großstadt. Wuselndes Leben überall! Pablo streunt über breite Avenuen und durch enge Altstadtgassen, die erfüllt sind von Getöse, von katalanischen Liedern und Wortfetzen. Wieder eine neue Sprache! Alles ist ein paar Nummern größer als in Málaga oder La Coruña, auch die Kunstakademie. Schon der Prachtbau macht jeden Neuankömmling kleinlaut – nicht aber Pablo. Wie bitte? Er, Pablo Ruiz, muss eine Aufnahmeprüfung machen? Kein Problem! Hatte leider keine Zeit, die Füße der gewünschten Figur fertig zu zeichnen, und wenn die edle Gestalt etwas sauertöpfisch aus der antiken Wäsche guckt, dann sehen Sie, geehrte Herren Professoren, darin meinen Kommentar zu Ihrer langweiligen Aufgabenstellung! Frecher Bengel! Aber begabt, dieser vierzehnjährige Schnösel. Den stecken wir mal gleich zu den Fortgeschrittenen. Die Jungs werden ihm schon zeigen, was Sache ist!

Von wegen. Auch da steht er bald unter Genieverdacht. Kaum sind die Vorurteile der Katalanen gegen den Andalusier abgebaut – Torero, Sombrero und so, findet er Freunde und einen Freund, Manuel Pallarés. Der ist fünf Jahre älter. Kein Problem! Frühreif, wie Pablo ist, kann er bei den nächtlichen Streifzügen durch Cafés, Bars und zweifelhafte Kneipen lässig mithalten. Und Barcelona ist kein ungefährliches Pflaster! Wegen der großen Armut und Arbeitslosigkeit in der entstehenden Industriestadt wimmelt es von schweren Jungs, leichten Mädchen und politischen Wirrköpfen, die auch vor dem Bombenlegen nicht zurückschrecken.

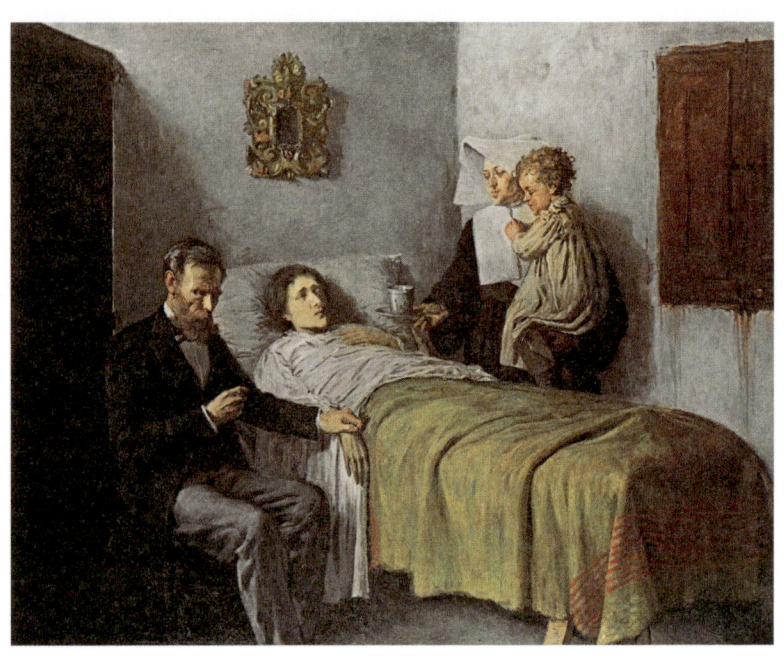

Da steckt viel Arbeit drin – was dem
ehrgeizigen 15-jährigen Maler immerhin eine
Goldmedaille seiner Heimatstadt einbringt.

Diesem zweifelhaften Milieu steht eine gesellige Künstlerszene gegenüber, die den Jugendstil pflegt und jeden neusten Schrei aus Paris begeistert aufnimmt. Pablo ist, wie immer als Jüngster, mittendrin und produziert Karikaturen und Plakate am laufenden Band. Die hängt man in der Kneipe auf und trinkt sein Bier drunter. Ab und an fällt er mit Manuel in die Kindheit zurück und narrt die Passanten mit vom Fenster herabgelassenen Münzen am Faden, oder mit Steinchen, die mit sattem Plop auf Zylindern landen. Abends sind sie dann wieder ganz groß und ziehen los, ausstaffiert mit einem einzigen Paar Handschuhen, das sie sich unauffällig teilen.

Daheim ist Pablo nur noch selten. Er lebt in dem winzigen Atelier, das ihm sein Vater besorgt hat. Nur Sonntags kommt er zum Essen, mit Manuel im Schlepptau. Der ist gern gesehen, die Eltern betrachten ihn als eine Art vernünftigen älteren Bruder für ihren Pablo. Wenn die wüssten… Doch so ganz lässt sich Pablo auch nicht treiben – schließlich ist er ehrgeizig! Noch malt er wie sein Vater realistisch. Dessen Anerkennung und die der Akademie ist ihm da sicher. Aber will er deren Lob? Na klar! Er will berühmt werden, und das geht nur mit Bildern, die der bürgerlichen Welt gefallen. Und Kunst kommt da immer noch von Können. Farbe, Raum und Perspektive müssen stimmen und brav die Wirklichkeit abbilden. Pah, das kann er längst. Auch wenn er

Frecher Bengel! Aber begabt, dieser vierzehnjährige Schnösel.

erst 15 ist. Warum er mit Paradeschinken wie »Wissenschaft und Nächstenliebe« (Abb. S. 14) keinen Preis gewinnt, ist ihm schleierhaft. Eigentlich passt doch alles: moralisch angehauchtes Thema, leicht rührselig. Diskrete Farben, fein abgestuft. Ordentliche Lichtführung, schön schummrig. Gut modellierte, runde Figuren. Und sein vornehmer Vater als Modell für den männlichen

Charakterkopf! Tja, hat gerade mal für lobende Erwähnungen gereicht. Die Goldmedaille aus Málaga gilt nicht – Heimvorteil! Hat er nicht nötig. Ob's auf der Akademie in Madrid wohl besser wird?

Nein, die bringt ihn auch nicht weiter. Gleich im Herbst 1897 schwänzt er die Kurse und verlegt seine Studien in den Park, um mit den Mädchen zu flirten. Außerdem besucht er den Prado. Das berühmte Museum hat ihm einiges zu bieten: die Meisterwerke von Velázquez und Zurbarán, El Greco und Goya. Pablo ist hin und weg. Diese Künstler sind in ihrer Zeit verankert und haben doch eine unverwechselbare Handschrift. Er selbst malt immer nur »im Stil von«. Von wem? Von was? Von irgendwelchem alten Kram. Drum ist die Akademie eine Sackgasse! Zumindest für ihn. Er will auch einen eigenen Stil. Er will ein Neuerer sein! Es soll nicht heißen »Ruiz malt wie«, sondern man soll malen wie Ruiz! Ruiz? Pablo Ruiz? Wie klingt denn das – kurz, gewöhnlich, provinziell! Pablo Ruiz Picasso? Schon besser, aber zu lang, zu kompliziert… Pablo Picasso? Pab-lo Pi-casso… Ja! Zweimal »P« und das in Spanien seltene doppelte »s« – das klingt gut! Besser noch: Picasso. Einfach – Picasso! Das ist ein Name, den die Welt versteht. Der Name eines Genies! Wird Papa nicht beglücken, wenn sein edler Familienname wegfällt, aber – Picasso! Er muss doch einsehen, dass man sich mit diesem Namen einen Namen macht!

Leider erkrankt der neugeborene Pablo Picasso bald an einem bösen Scharlach, und da fährt man hinterher zum Kräftesammeln lieber heim. In Barcelona aber ist man ganz und gar nicht zufrieden mit ihm. Der Vater liegt ihm in den Ohren wegen seines Benehmens in Madrid. Onkel Salvador dreht gar den Geldhahn zu. Und dann droht Freund Manuel auch noch der Einzug zum Militär – wegen der Unruhen auf Kuba. Die Karibikinsel hat es satt, als Spaniens letzte Kolonie dazustehen. Abhängigkeiten, wo man hinschaut! Abhängigkeiten sind dazu da, sich davon zu befreien. Manuel hat eine Spitzenidee: er will sich in Horta de Ebro verstecken, dem Bergdorf, aus dem er stammt – und Pablo soll mit.

Am Ende der Welt

Pablo geht mit und wird es nicht bereuen. »Alles, was ich weiß, habe ich in Pallarés' Dorf gelernt«, sagt er noch Jahrzehnte später. Was gab's denn da zu lernen, in diesem Kaff am Ende der Welt? Muss ein angehendes Genie Holzhacken können, Brotbacken, Schmieden, Eselreiten? Gut, Bäume, Vögel und Sternbilder zu unterscheiden, ist ganz interessant – aber braucht's dazu geschlagene acht Monate?

Natürlich malt Pablo hier auch. Neue Motive, Tiere, Hirten, Bauern. Als sich die Freunde noch weiter in die Gebirgseinsamkeit flüchten, entstehen Landschaften. Doch wichtiger ist die Erfahrung eines Lebens im Einklang mit der

> Picasso! Das ist ein Name, den die Welt versteht.

Natur. Das ist alles andere als paradiesisch. Pablo sieht, wie die Menschen ihr Brot der Erde abtrotzen müssen. Er lernt die Härten am eigenen Leib kennen, beim Feuermachen, beim Schlafen auf Heu und beim Baden im eisigen Wasserfall. Zu essen gibt's bestenfalls mal einen Wildhasen, meist aber »körnigen Reis, cremigen Reis, fetten Reis, mageren Reis, Milchreis, Reissuppe«. Bald laufen die beiden in der Einöde nur noch mit Lendenschurz herum. Wie vorzeitliche Wilde bepinseln sie ihre Wohnhöhle mit allerlei Zeichen und Getier. Der junge Zigeuner, der sie auf die Höhen geführt hat und immer wieder auftaucht, wird für Pablo zum Inbegriff des Naturburschen. Welche Gewandtheit besitzt der auf seinem Terrain, welches natürliche Wissen und, vor allem, welche Freiheit! Pablo liebt und bewundert ihn. Die zwei schließen Blutsbrüderschaft. Manuel fühlt sich vernachlässigt. Später sagt

Pablo über ihn: »Pallarés war wie ein Stück trockenes Brot.« Der Freund versteht nicht, dass Pablo bei dem Zigeuner eine Ursprünglichkeit und Unabhängigkeit sieht, die er selbst gern hätte, ja vielleicht sogar hat, tief im Inneren, verborgen unter der aufgepfropften Zivilisation. Das Beispiel des Jungen ermutigt ihn, diese Seiten in sich zu entdecken und für seine Kunst fruchtbar zu machen.

Vor der Abreise malt er ein Selbstporträt. Als wolle er's beschwören, schreibt er dreimal »Ich, der König« um den Kopf.

Also Schluss jetzt mit den Regeln und Mustern, die ihm sein Vater und die öde Akademie überstülpen wollen! Als Pablo Anfang 1899 nach Barcelona zurückkehrt, hat er nicht nur eine Vorliebe für Fundstücke und Materialien der Natur als Basis seiner zukünftigen Kunst entdeckt, sondern auch den freien, unzähmbaren Zigeuner in sich. Beides wird ihm zeitlebens bleiben.

Zum Nabel der Welt

Wieder daheim, wird Pablos neues Ich gleich auf die Probe gestellt. Als er verkündet, nicht mehr auf die Akademie zu gehen, ist Papa außer sich. Pablo bleibt stur. Er sucht sich ein neues Atelier und neue Freunde. Die haben ihn gefälligst zu bewundern – wie Jaime Sabartés, ein junger Dichter, der ihm aus der Hand frisst. Dann ist da noch Carlos Casagemas, ein vornehm blasses Jüngelchen aus reicher Familie, das sich an seiner Ähnlichkeit mit dem berühmten Komponisten Chopin berauscht. Mit Carlos lässt es sich prima um die Häuser ziehen. Geschlafen wird tagsüber im Atelier. Die Bude ist eh nur mit geschlossenen Augen zu ertragen. Was an Möbeln fehlt, malt Pablo an die Wand – inklusive Tischlein deck dich und üppigem Dienstmädchen. So ein Dandyleben kostet Geld – leider mehr, als Pablo mit Bleistiftporträts und Zeitungsillustrationen verdient.

Auch die Wahl eines seiner Bilder für den spanischen Pavillon auf der Weltausstellung in Paris bringt nichts ein – außer Ehre. Im Stammlokal »Els Quatre Gats« ist er für seine Clique der Held des Tages. Damit hat er's den alten Pinkeln am Nebentisch aber gezeigt, die sich was drauf einbilden, in Paris ausgestellt zu haben! In Paris! Ja, auch Pablo wäre gern da, wo sein Bild jetzt ist. Nicht wegen der Weltausstellung. Paris ist überhaupt *die* Stadt – vor allem, wenn man die Kunst revolutionieren will! Seine Mutter hätte er ja soweit, ihm Reisegeld zu geben… Casagemas' Eltern sind auch schon überredet. Sie erhoffen sich von Paris eine belebende Wirkung auf ihren dösigen Sohn. Da kann auch Don José nicht länger Nein sagen. Er kauft ihm eine Hin- und Rückfahrkarte. Letztere ist Pablo weniger wichtig, aber bitte, wenn's den alten Herrn beruhigt! Vor der Abreise malt er ein Selbstporträt. Als wolle er's beschwören, schreibt er dreimal »Ich, der König« um den Kopf. Jetzt fehlt nur noch die Garderobe zur Eroberung der Weltstadt. Zu edlem Tuch reicht's nicht, wäre auch zu spießig. Etwas feiner darf's aber schon sein, dunkel ist Pflicht, ausgefallen ein Muss – und so besteigen Pablo und Carlos in schwarzen Cordsamtanzügen den Zug nach Paris.

Zwei Farben: Blau und Rosa

Im Oktober 1900 verlässt »König« Pablo Barcelona. Neunzehn Jahre ist er nun alt und gerade mal 1,65 Meter groß. Pablo spricht kein Wort Französisch, als ihn Paris als eine für alles Neue und Moderne zu habende Metropole mit 2,5 Millionen Einwohnern empfängt. Zur Weltausstellung hat sie sich herausgeputzt und zeigt sich wahrhaft im besten Licht – ist doch der Siegeszug der Elektrizität das große Thema der Mega-Veranstaltung. Nachts glitzern die Prachtbauten rund ums Ausstellungsgelände mit dem elf Jahre alten Eiffelturm um die Wette. In grelles Licht sind auch die Boulevards getaucht, jene neuen Rennstrecken für den Verkehr, die sich, gesäumt von Kaufhäusern, Theatern und Restaurants, den Besuchern als herrliche Flaniermeilen anbieten.

Pablo hat Wichtigeres zu tun als offenen Mundes Bewunderung zu mimen. Schließlich will er hier seine Zelte aufschlagen. Er landet im guten alten Künstlernest am Montmartre. Hier sieht er die Kehrseite des strahlenden Paris: enge Gassen, schäbige Häuser, das Ganze nachts stockfinster und gefährlich. Nur die Kneipenszene ist so lebendig wie unten im Zentrum. Doch rund um die Kirche Sacré-Cœur fließen nicht Wein und Champagner,

Picasso macht Schluss mit der akademischen Malerei! Das »Porträt« seines mit Trödel möblierten Ateliers zeigt, dass ihm der neue Stil noch keine Reichtümer einbringt.

sondern Ströme von Bier und Fusel. Zwar ist »alles nur Tamtam, Flitterkram, Pappe«, aber hier tobt das Leben! Und Pablo stößt im Quartier auf eine Künstlerkolonie von Landsleuten, die ihm Bett und Ansprache bieten – die Pariser können nämlich beklagenswert wenig Spanisch! Kaum installiert, beginnt Pablo zu malen. Auf der Weltausstellung hat er Werke von Cézanne gesehen. Und Toulouse-Lautrec, den er schon lange verehrt! Die Motive liegen auf der Straße: Cafés und volkstümliche Ballhäuser wie das »Moulin de la Galette«.

Weihnachten schaut er bei den Eltern vorbei. Vor allem aber bringt er Carlos heim, dem Paris gar nicht gut bekommen ist. Er hat sich in diese Germaine verguckt und ertränkt den Liebeskummer in Alkohol. Dazu faselt er ständig von Selbstmord. Über Málaga, wo Pablo Onkel Salvador mit seinem inzwischen verschlissenen Cordsamtanzug und einer Halskette schockt, fährt er nach Madrid. Die Gelegenheit, bei einer neuen Zeitschrift mitzuarbeiten, hält ihn hier fest. Doch die »Junge Kunst«, die keiner will, finanziert sich nur über den Vertrieb eines wunderheilenden elektrischen Gürtels, den auch keiner will. »Mach nur so weiter, dann wirst du was erleben«, droht Onkel Salvador.

Wie um ihn zu bestätigen, erreicht Pablo im Februar die Nachricht von Carlos' Tod. Er hat sich vor aller Augen und im Beisein Germaines erschossen. Pablo ist bestürzt. Als er wieder auf den Montmartre kommt, trifft ihn der Verlust erst richtig. Seltsamerweise zieht er in Carlos' Atelier und lässt sich auf eine Affäre mit Germaine ein. Will er sich das, was vom Freund geblieben ist, gleichsam einverleiben? Fühlt er sich, weil er sich nicht mehr um Carlos gekümmert hat, schuldig – wie damals am Tod seiner Schwester? Dass Pablo verstört ist, zeigen seine Bilder. Nicht nur, dass er Carlos auf dem Totenbett malt. Auch die anderen Werke sind nun in ein melancholisches blaues Licht getaucht. Die »Blaue Periode« hat begonnen.

Das blaue Zimmer

»Dieser junge spanische Maler, der seit kurzem bei uns weilt, liebt das moderne Leben… Wir haben einen neuen Komponisten leuchtender Farben vor uns, der mit strahlenden Rot-, Gelb-, Grün- und Blautönen arbeitet.« Pablo stellt 1901 in der bekannten Galerie Vollard Werke seines ersten Paris-Aufenthalts und der Zeit vor Carlos' Tod aus. Diese Bilder sind noch voller Leben und geprägt

> Noch kann von leichtverdientem Geld keine Rede sein.

von Einflüssen anderer Künstler wie Delacroix, Manet, Monet, van Gogh, Toulouse-Lautrec und Degas. Die Kritik ist hin- und hergerissen von diesem »echten Maler«, der »die Farbe liebt«, und seinem »Ungestüm«. Letzteres könnte ihn – Achtung: erhobener Zeigefinger! – »zu oberflächlicher Effekthascherei und leicht verdientem Erfolg verleiten«. Vielleicht wäre es besser, nicht gleich drei Bilder an einem Tag zu malen?

Noch kann von »leicht verdientem Erfolg« keine Rede sein. Noch 1905 ist ein Bild wie »Das blaue Zimmer« (Abb. S. 21) beim Trödler für zehn Francs zu haben. 1901 gemalt, zeigt es Pablos Atelier. Nur der Kenner sieht die »Einflüsse von«, jedes Kind aber kann sehen, wie weit sich Pablo von »Wissenschaft und Nächstenliebe« entfernt hat. Nun gibt es keine sauber konstruierten Zimmerecken mehr und damit auch keinen Raum. Alles ist wie ein flaches Muster ausgebreitet, ohne Rücksicht auf nah und fern, Licht und Schatten. Wie musste dieses hingerotzte Bett ein akademisch geschultes Auge verletzen! Statt scharfer Umrisse und gekonntem Faltenwurf ein locker hingepinselter, mit der Wand verschmelzender wolkiger Polsterhaufen, ein höchst zerwühlter noch dazu! Wer da eben noch lag, ist ja wohl klar und ebenfalls skandalös. Da steht diese Frau in einem alle Gesetze der Perspektive verhöhnenden Waschzuber – unbekleidet! Nackt wie eine

Göttin, doch alles andere als eine solche. Dafür fehlt ihr nun wirklich die Schönheit – siehe ihre X-Beine und die bucklige Schulter. Eine Missgeburt vom Scheitel bis zur Sohle. Diese Füße! Die bläuliche Haut! Und was ist das für ein Bildthema? Gibt's hier überhaupt ein Thema? Eine Bedeutung? Eine Moral? Nichts davon. Eine gewöhnliche Frau ohne Gesicht, nach zweifelhafter

Nun ist Picasso dran, sich das eine Klo und den einzigen Wasserhahn der hellhörigen, zugigen, feuchten Bretterbude mit vielen anderen zu teilen.

Bettruhe (mit dem Maler gar?!), bei banaler Körperpflege in einem schlecht ausgeleuchteten »Raum« mit unbeholfen gemaltem Teppich und einem Fenster, durch das nichts zu sehen ist.

Aber, mag ein anderer Betrachter einwerfen, hat das Ganze nicht Atmosphäre? Hat es in seiner eingefangenen Alltäglichkeit nicht Frische und Wahrheit? Und zwar mehr als die bedeutungsschwangere Zusammenkunft eines Arztes und einer Nonne in »Wissenschaft und Nächstenliebe«? Diesem schaurig-schönen Bild einer im ärmlichen, aber sauberen Krankenbett in edler Erhabenheit hinsiechenden Frau, hinter der wie eine schwebende Krone ein goldener Barockspiegel an der karg getünchten Wand hängt?

Nun gut, in Paris war man an Bilder wie »Das blaue Zimmer« längst gewöhnt. Es gab Impressionisten, Symbolisten und wie sie alle heißen, diese Revoluzzer gegen die wahre Kunst. Die verkaufen sich nun ja sogar! Auch Pablo hält sich mit seinen Bildern gerade so über Wasser. Je blautoniger die Werke aber werden, desto unzufriedener sind seine Galeristen. Nicht nur der trübe Schleier von Tristesse vergrätzt die Käufer. Es sind auch die Motive. Ist es der Anblick des Elends von Barcelona, wo Pablo nun wieder lebt,

La belle Fernande – ein Engel! Ein wahrer Lichtblick für Picasso, dem hier aber eher trübe Gedanken durch den Kopf gehen.

das ihn zu den ausgemergelten Gestalten inspiriert? Seine eigene Armut und Schwermut und Einsamkeit? Oder ist es nur eine Masche, um auf sich aufmerksam zu machen, wie seine Dandy-Anzüge, die er dem Schneider mit Porträts von dessen Familie abstottert? Jedenfalls will niemand Geld für Bilder mit blaugefrorenen, überlangen, meist alten, oft blinden Hungerleidern ausgeben. Heute gehören sie zu den teuersten »Picassos« überhaupt. Als Pablo im Winter 1902/03 für ein bisschen Wärme Packen von Zeichnungen im Ofen verfeuert, hat er, ohne es zu ahnen, die luxuriöseste Heizung der Welt.

La belle Fernande

Im April 1904 zieht Pablo endgültig nach Paris. Er bleibt am Montmartre und mietet ein Atelier im Bateau-Lavoir. »Waschboot« heißt die in den Hang gebaute verschachtelte Holzbaracke wegen der stets gehissten Wäscheleinen. Bewohnt ist sie nicht von Wäscherinnen vom Seineufer, sondern von Künstlern. Schon van Gogh hatte hier sein kärgliches Dasein gefristet. Nun ist Picasso dran, sich das eine Klo

Sie heißt Fernande Olivier und ist wie er 23 Jahre alt. Pablo ist Feuer und Flamme. Er betet sie an!

und den einzigen Wasserhahn der hellhörigen, zugigen, feuchten Bretterbude mit vielen anderen zu teilen. Vier Stockwerke voll Leidensgefährten! Voller Armut! Voller Leben!

Und voller Liebe. Klappe zu, Kamera läuft: August 1904. Die drückende Hitze treibt Pablo aus dem Atelier. Nun kehrt er nach dem Gewitter zurück, auf dem Arm ein Kätzchen, das er vor dem Platzregen gerettet hat. Vor der Haustür findet er ein weiteres Kätzchen: eine völlig durchnässte, reizende junge Frau mit roten Haaren. Entzückt wirft er ihr die kleine Katze zu, reflexartig fängt sie das Tier, beide müssen lachen. Liebe auf den ersten Blick?

Sie heißt Fernande Olivier und ist wie er 23 Jahre alt. Nicht vom Glück verwöhnt, wuchs sie bei strengen Adoptiveltern auf und ist aus einer traurigen Ehe geflohen. Nun macht sie dies und das. Ihre Welt ist der Montmartre und die Künstlerfreunde, die sie verehren und als Modell beschäftigen.

Pablo ist Feuer und Flamme. In einem Atelierwinkel baut er einen »Altar«, ausstaffiert mit ihrem Bild und der Bluse, die sie an jenem Augusttag trug, flankiert von künstlichen Blumen. Er betet sie an! Im Sommer 1905 zieht Fernande zu ihm. Es hat gedauert, bis sie dem »Magnetismus« seines Blicks erliegt! Als Pariserin spricht sie ein kultiviertes Französisch und liebt Hüte, Parfums und kitschige Romane. Dass Pablo ihr außer Liebe nichts bieten kann, nimmt sie gelassen: »Alles, was ich brauchte, war eine Tasse Tee, Bücher, ein Sofa und möglichst wenig Hausarbeit. Ich muss zugeben, dass ich wirklich extrem faul war.«

So wird Pablos Atelier zwar nicht ordentlicher, aber zum schönsten Liebesnest. Je größer die Hingabe, desto eifersüchtiger Pablo. Modellstehen bei diesem van Dongen? Kann sie vergessen! Am liebsten würde er sie einsperren und ganz für sich haben. Gut, dass Kätzchen Fernande so fügsam wie genügsam ist! Ist Pablo jetzt glücklich?

Ein Aquarell vom Herbst 1904 zeigt ihn am Bett der schlafenden Geliebten, in dumpfes Brüten versunken (Abb. S. 25). Während an ihm alles Ecken und Kanten hat, verschmilzt Fernande, hingestrichelt mit zarten Linien, mit dem Polster. Hell steht neben dunkel, leicht neben schwer, sorgloser Schlaf neben grämlichem Grübeln. Wie er da hockt, die Miene düster, den Arm schlaff auf den Tisch gestützt, kann Pablo mit den Elendsgestalten der »Blauen Periode« durchaus mithalten. Fernande hingegen – ein Lichtblick! Diese Frau erobert zu haben, die ihm, ohne viel zu fordern, sinnliche Freuden schenkt, stärkt sein männliches Selbstgefühl. Aber das ist ja nicht alles.

Lebenskünstler

Etwas mehr Erfolg mit seinen Bildern – das Wort »Kunstwerk« hasst er wie die Pest – wäre schon schön. In blauer Handwerkermontur malt Pablo nächtelang nachtblaue Bilder, die keiner will. Laut Fernande findet »dieser traurige Mann in der Arbeit keinen Trost – nur Vergessen. Auf ihm schien immer tiefe Trauer zu lasten.« Nur sie und sein neuer Freund Guillaume Apollinaire können ihn aufheitern.

Der, aus polnischem Adel, Vater unbekannt, ist Börsenmakler aus Not und Dichter aus Leidenschaft. Solch krasse Gegensätze vereint er mühelos. Er ist ein »Schlemmer, der trotz Fettleibigkeit appetitlich wirkt«, ein »Egoist mit empfindsamen Herzen«, ein Freigeist, der noch bei Muttern wohnt. Er ist geizig, eitel, kindisch,

> Da ist es, das weite Land – die Gärten liegen längst hinter ihnen. Wo kommen sie her, wo gehen sie hin, diese wie Statuen oder Tänzer dastehenden Vagabunden?

herrisch, witzig und irre belesen – kurz, amüsant und charmant. Ein Lebenskünstler! Zwei verkannte Genies haben sich gefunden. Beide verachten das Bürgertum und schwärmen für die Zirkuswelt. In Clowns und Akrobaten, jenem fahrenden Volk am Rand der Gesellschaft, sehen sie eine Lebensform voll Poesie. Diese Außenseiter sind arm, aber frei, Künstler, die sich die Regeln selbst geben!

Mit Apollinaire hellt sich Pablos Laune auf. Bald auch seine Farbpalette. Der blaue Schleier hebt sich. Nun gibt es Terrakotta- und Rosétöne. Ab und zu wagt er ein brennendes Rot! Das belebt die verhärmten Gestalten. Sie kauern nicht mehr. Stolz aufgerichtet, wirken sie fast kämpferisch und monumental. Manchmal auch sentimental: ob asketischer Schauspieler beim Üben der großen

Picasso als Harlekin, Fernande als stille Muse – die ernsten Spaßmacher bewegen sich wie im Traum durch eine leere Wüstenwelt.

Geste, junger Arbeiter, mit Rosen bekränzt, oder all die bleichen Artisten mit ihren stummen Kindern – der stets verhangene Blick lässt sie erscheinen wie edle Wesen aus einer anderen Welt.

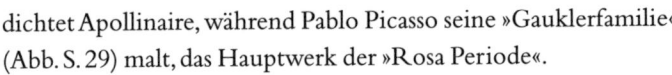

»Im weiten Land die Gaukler dort
An Gärten vorüber ziehen sie fort«,
dichtet Apollinaire, während Pablo Picasso seine »Gauklerfamilie« (Abb. S. 29) malt, das Hauptwerk der »Rosa Periode«.

Diese Eleganz! Eine echte Pariserin. Gut, dass er seine »Verlobte« für die Reise neu ausstaffiert hat.

Da ist es, das weite Land – die Gärten liegen längst hinter ihnen. Wo kommen sie her, wo gehen sie hin, diese wie Statuen oder Tänzer dastehenden Vagabunden? Der kraftvolle Harlekin und eine anmutige Frau bilden den Rahmen um drei Kinder und einen alten Clown. Stolz ragen die Köpfe der Männer und des ältesten Jungen über den Horizont. Die anderen sind eingebettet in die karge Wüstenei. Jeder ist in sich versunken – einsam in der Einsamkeit. Mit einer realen Reise hat das wenig zu tun. Proviant und Schuhwerk spielen keine Rolle. Das Ganze ähnelt eher einem Traum. In dem dürfen Gesichter undeutlich und Gestalten verschwommen sein. Die geträumte Reise ist symbolisch gemeint, sie steht für etwas anderes. Die verschiedenen Altersstufen der Figuren verweisen auf eine Lebensreise. Sie führt ohne erkennbaren Weg durch eine unbehauste Welt. Schon im 19. Jahrhundert steht in der französischen Kunst der Harlekin für den Künstler als Außenseiter der Gesellschaft. Hier trägt er Pablos Züge, während im dicken Clown Apollinaire zu erkennen ist. Am Rand bildet Fernande den Schlusspunkt der Komposition. Da alle Figuren ihr zugewandt sind, ist sie als schöne Begleiterin und stille Muse das heimliche Zentrum der verklärten Szene.

Diese Art Bilder trifft den Geschmack des Publikums schon eher. Die raue Modernität kitzelt den Wagemut des Käufers, die ruhigen Formen schmeicheln seinem Schönheitsgefühl. Und die Symbolik? Die darf getrost übersehen, wer keine Lust auf Tiefgang hat. Wer nur seine Freude haben will, hält sich an die Stimmung voll Wehmut und Geheimnis oder an grazile Figuren wie den Jungen in Blau à la Manet und die kleine Ballerina à la Degas. Zudem sind die lieblich-herben Pastelltöne meilenweit weg von den schrillen Farben dieser neusten Schmierer, die gerade ihre Machwerke ausstellen. Nicht umsonst nennt man Henri Matisse & Co. die »Fauves« – wilde Tiere!

Auf gegen die wilden Tiere!

Bei Gertrude Stein, einer amerikanischen Schriftstellerin, Pablos »einzigem weiblichen Freund«, lernt er 1906 Matisse kennen. Der ist lang nicht so wild wie seine Kunst. Endlos lässt er sich vor den an seinen Lippen hängenden Zuhörern darüber aus, dass er mit Bildern wie »Die Lebensfreude« der Seele Ruhe, schnarch, und Frieden geben will. Pablo ärgert allein schon die wohlgesetzte Rede, der er mit seinem miesen Französisch schlecht Paroli bieten kann. Er ahnt, dass er nun einen Rivalen hat im Kampf um den Ruf des revolutionärsten Malers von Paris. Und da hat Matisse gerade die Nase vorn! Kein Wunder, dass er sie ihm gegenüber hoch trägt. »Wir sind unterschiedlich wie Nord- und Südpol«, säuselt er Pablo zu. Na gut. Mal sehen, wer zuletzt lacht. Wenn der mit Farbe schockiert, tut er's eben mit der Form. Liegt ihm eh mehr. Ist irgendwie männlicher. Farbe schwächt! Also, Henri, zieh dich warm an! Das gilt auch für ihn selbst. Ist er nicht arg akademisch geworden, mit seinen nackten Jünglingen mit und ohne Pferd, die er seit den »Gauklern« so malt? Sieht ja alles aus wie Kunstschule! Auch wenn sich das gut verkauft – Schluss damit! Dank Vollard, der ihm 30 Bilder abgenommen hat, kann er's sich leisten, mal nach Herzenslust zu experimentieren. Schließlich hat er nun 2000 Francs, plus die 800 von Leo Stein, Gertrudes Bruder – seine ersten richtigen Sammler, die beiden! Das reicht drei Jahre, so bescheiden, wie er lebt. Da ist sogar eine Reise nach Barcelona drin.

Seine Eltern sind von Fernande angetan. Diese Eleganz! Eine echte Pariserin. Gut, dass er seine »Verlobte« für die Reise neu ausstaffiert hat. Gut auch, dass sie das letzte Stück im Erste-Klasse-Abteil gefahren sind. Muss ja nicht jeder wissen, wie holprig sein Start in Paris war! Nach den Höflichkeitsbesuchen zieht es Pablo aufs Land. Fernande murrt, als es ins Bergnest Gósol geht. Als sie Pablo dort aufblühen sieht, ist sie versöhnt. So entspannt war er noch nie! Plötzlich ist sie sein Lieblingsmodell! Einziger Konkurrent: der Kneipenwirt Fontdevila, der Pablo mit Abenteuern aus seinem früheren Schmugglerleben imponiert. Kantig wie sein Altmännerkopf ist auch die Landschaft – reinste Geometrie! Urwüchsig und geradlinig wie die Leute hier. Pablo ist entzückt. »Er liebte alles, was Lokalkolorit hat, selbst ein typischer Geruch konnte ihn begeistern. Alles Abstrakte, Intellektuelle ließ ihn kalt. Hier war er weniger Außenseiter als in Paris.« Hier kann er den kernigen Naturburschen rauslassen. Hier stört's keinen, dass er etwas klein geraten ist und bei Zivilisationskram wie Tanzen, Boxen, Autofahren kläglich versagt!

Seine recht unmännliche Panik vor Krankheit und Tod kommt dann doch ans Licht. Als im Dorf ein Typhusfall auftritt, packt Pablo sofort die Koffer. Mit Fernande und Bildern in Braun und Ocker flieht er nach Paris. In der dortigen Hitze ist sein Atelier ein wahrer Brutkasten – Pablo muss erst auf Mäuse- und Wanzenjagd gehen, bevor er die neuen Eindrücke auf die Leinwand bannen kann.

Experimente mit dem Pinsel

Einfach mal anders gesehen und gemalt – ein revolutionäres Bild!

Auch ein Künstler langweilt sich schon mal im Museum. So Picasso, als er 1906 bei einem Spaziergang im Trocadéro landet. Völkerkunde - uff. All die ollen Masken, Indianerpuppen und verstaubten Männchen. Der muffige Geruch. Kein Wunder, dass niemand hier ist. Ein Geisterhaus. Was hält mich hier?! Vielleicht die Geister? Jedenfalls – »Ich blieb. Ich hatte gespürt, dass ich bleiben musste, irgendwas passierte mit mir. Diese Masken hatten etwas Magisches.«

Nun gut, Pablo, du bist nicht der Erste, dem das auffällt. Primitive Kunst ist ja sehr en vogue – dein Intimfeind Matisse hat sich längst damit eingedeckt. Die derben Masken und Statuetten haben, was ein moderner Künstler so anstrebt: Ausdruck! Sinnlichkeit! Volles Leben! Nichts von einer überfeinerten Kunst, deren Gesetze und Themen man lernen kann, und die, wen wundert's, auch nur den Verstand beschäftigt. Also: Zurück zur Natur! Zum Körper pur! Zu einfachen Formen. In reinen, ungemischten Farben!

Klar, das weiß Pablo. Aber was er im Museum sah, war mehr: »Diese afrikanischen Skulpturen waren Fetische. Sie halfen gegen alles – gegen fremde, bedrohliche Geister. Ich verstand plötzlich. Auch ich bin gegen alles. Fetische hatten denselben Zweck: sie waren Waffen, zum Schutz der Menschen davor, von irgendwelchen Geistern unterjocht zu werden. Waffen, die sie unabhängig machen sollten. Werkzeuge. Ich verstand nun, warum ich Maler geworden war.«

Auch Leo Stein brüllt vor Lachen, als er das Bild sieht. Apollinaire vermisst darin die Poesie. Vollard will Picasso nicht mehr ausstellen. Matisse schwört Rache für diese Verspottung der Kunst. Na toll.

Um Fetische, also Zaubermittel zu machen, wie ein Medizinmann? Und wie kann ein Bild ein Werkzeug oder gar eine Waffe sein? Ja – der wahre Künstler ist eine Art Medizinmann. Ich jedenfalls sehe mich so! Meine Sachen sollen aufräumen mit dem alten Spuk von Sitten und Vorschriften, die das Leben und die Kunst erdrücken. Und, voilà, schon ist ein Bild eine Waffe! Ein Kampfmittel gegen verstaubte Ansichten! Ein einfach mal anders gesehener und gemalter Apfel kann so revolutionär sein wie ein Mann mit Gewehr!

Picasso malt den revolutionären Apfel. Nach neun Monaten Arbeit und 800 Vorstudien enthüllt er 1907 Freunden das Werk, das heute als Schlüsselbild der modernen Kunst gilt (Abb. S. 35). Der Galerist Daniel-Henry Kahnweiler war dabei: »Ich betrat den seltsamen Raum, in dem Pablo sein Atelier hatte. Die Tapete hing in Fetzen von der Bretterwand. Auf den aufgerollten Leinwänden und dem alten Sofa lag dicker Staub. Neben dem Ofen erhob sich wie erstarrte Lava ein Berg Asche. Es war grässlich. Sein neues Bild erschien allen irrsinnig und monströs.« Und das umso mehr,

Vorhang auf für die »Demoiselles d'Avignon« und eine völlig neue Art zu malen – selbst Kunstkenner waren geschockt von diesem Auftritt!

je weiter man, über den Apfel Mitte unten hinweg, nach rechts schaut. Was sollen die fünf bizarren Frauen?! Erst 1916 nennt ein Kritiker sie »Les Demoiselles d'Avignon«, »Die Fräulein von Avignon«. Die sind nackt und haben, Vorhang auf!, ihren großen Auftritt. Aufreizend fixieren sie den Betrachter – den man sich als Gast des Bordells in der Avignon-Straße in Barcelona zu denken hat. Dagegen ist die Freiluftversammlung der rundlichen Figürchen auf Matisse' »Lebensfreude« ein Kindergarten!

Noch skandalöser als das Thema ist die Art, wie es gemalt ist. Kein Raum, nirgends. Körper wie spitze, harte Kristalle. Die Gesichter grob vereinfacht, mit starr geradeaus blickenden Augen und Hakennasen im Profil. Die rechten Figuren scheinen afrikanische Masken zu tragen – zum Fürchten! Wie obszön die eine da

Ist er doch zu weit gegangen mit seinem radikalen Meisterwerk?

hockt! Die andere hat gleich gar keinen Körper mehr – statt Busen sitzt da ein schraffiertes Quadrat. Und dann das Stillleben! Gilt nicht schon seit der Antike, dass ein solches so gemalt sein soll, dass die Vögel die Früchte darauf für echt halten und dran picken? Na, bei diesen Früchtchen, da lachen ja die Hühner!

Auch Leo Stein brüllt vor Lachen, als er das Bild sieht. Apollinaire vermisst darin die Poesie. Vollard will Picasso nicht mehr ausstellen. Matisse schwört Rache für diese Verspottung der Kunst. Na toll. Dem wollte er's ja zeigen. Ist er doch zu weit gegangen mit dem radikalen Meisterwerk? Nein – eher nicht weit genug. Letztlich ist da immer noch zuviel Nachahmung der Natur drin. Dieses Bild ist nach wie vor ein »Fenster«, eine Fortsetzung der echten Welt mit malerischen Mitteln. Zu viel Perspektive, zu viel Raumtiefe, zu viel Inhalt! Und zu wenig geometrische Struktur der Körper. Zu wenig reine Fläche. Zu wenig reine Form. Tja,

Cézanne hätte ihn verstanden, aber der ist vor kurzem gestorben. Irgendwann werden den andreen schon die Augen aufgehen – jetzt heißt's einfach weitermachen. Aber ihr müsst weg, werte unverkäufliche käufliche Damen, ihr glotzt mir beim Malen nicht über die Schulter. Ab gegen die Wand!

Ein Atelierfest und ein neuer Freund

Seit den »Demoiselles« zickt Fernande. Die Gute kommt einfach nicht über ihren geliebten alten Impressionismus hinaus. Hach, und ihre Wälder um Paris! Ihm sind die zu grün. Und sie stinken nach feuchten Pilzen. Da ist ihm ein staubiger Kaktus auf spanischem Felsboden lieber.

Gut, dass er George Braque hat. Ein Bild von einem Mann. Und einer, der ihn versteht – obwohl er Schüler von Matisse ist. Jetzt ist er sein Schüler, oder, na gut, Weggefährte. Zeichnen kann er nicht, Figuren kann er nicht, aber seine Landschaften! Grandios. Dreidimensionale geometrische Formen, kaum Farbe. Neulich haben sie ein Bild spaßeshalber auf den Kopf gestellt – und siehe da, es war eine ebenso großartige Ansicht! Da spielt die Musik! Da geht's hin! Vielleicht sollte er auch mal die Figuren sein lassen. Die lenken zu sehr ab von der reinen Form. Landschaft gibt's in Paris nicht, bleibt also Stillleben. Tisch, Vase, Krug sind Form pur und finden sich überall.

Da kann er gleich die Töpfe hernehmen, die das Fest neulich überlebt haben. Das war ein Abend! Ein Bankett für Henri Rousseau! Wochentags Zöllner, Sonntags Maler – und was für einer. Diese herrlich primitiven Figuren! Der malt wie ein Kind. Das muss man erst mal können! Er ist halt auch naiv. Wie der da auf seinem Stuhl oben auf der wackligen Kiste saß – als wär's echt ein Thron. Zum Schluss war sein Kopf ganz vollgekleckert vom Wachs der Kerze im Lampion über ihm. Hat der gar nicht gemerkt vor dämlicher Beglücktheit, weil man ihn mal ernst nimmt. Na, so ernst auch wieder nicht, war ja eher ein Witz, das Ganze. Da hat's gepasst, dass Apollinaires Neue in die Obstkuchen auf dem Sofa plumpst. Bloß, warum die dann mit der Schmiere auf Händen und Klamotten alle umarmen muss! Bei solchen Stimmungskanonen kann man auf Wein und Opium getrost verzichten... Opium nimmt er eh nicht mehr, seit Weigels, dieser arme deutsche Maler, sich zwei Türen weiter erhängt hat, im Drogenrausch! Nie mehr wird er, Pablo Picasso, das Zeug nehmen. Für ihn gibt's nur noch den Arbeitsrausch. Also, her mit den ollen Pötten!

Bei den Krügen bleibt er nicht lang. Als Pablo 1909 den Sommer wieder in Horta verbringt, malt er das Bergdorf wie aufgestapelte Bauklötze. Diese Würfel beziehungsweise Kuben hatten Kunstkritiker bereits im Jahr zuvor zum Schimpfwort »Kubismus« inspiriert, für Werke von Braque, der ihm hier vorangeht. Oder war doch Pablo der erste? Hat er nicht schon als Kind aus Kreisen Täubchen gezaubert? Jetzt geht's andersrum, und schon wird aus Fernandes Kopf Geometrie. Jetzt ist sie von dem zerklüfteten Berg hinter ihr kaum mehr zu unterscheiden. Was, das soll ich sein? Da sehe ich ja aus wie eine alte Hexe! Oder wie ein Fleckerlteppich! Nein, Fernande ist nicht glücklich in Horta. Als sie krank war, hier, wo sie keinen kennt, hat sich Pablo herzlich wenig drum geschert. Und nun diese Bilder! Kaum hat er ein bisschen Geld und Erfolg, wird er unausstehlich. Vielleicht wird's ja besser, wenn sie in Paris erst mal eine neue Wohnung haben.

Es geht bergauf

Pablos erste Wohnung ist ein Mix aus biederem Haushalt mit Mahagonimöbeln und antibürgerlicher Künstlerboheme à la Bateau-Lavoir. Dorthin sehnt er sich nun ständig zurück. Aus zwanglosen Abenden mit Freunden sind steife, regelmäßige Besuche geworden. Man selbst empfängt Sonntagnachmittag, während freitags bei Matisse über Gertrude Stein gelacht wird

Nicht als Fahndungsbild geeignet, dieses Porträt von Picassos neuer Flamme Eva alias »Ma Jolie«.

und samstags bei Gertrude über Matisse. Den Sommer verbringt man im Süden. Am besten mit dem Pfundskerl George Braque.

Eine wahre Freude, sich mit dem zu messen! Sie sehen sich täglich und fühlen sich verbunden »wie eine Seilschaft in den Bergen«. Mit den splittrigen Facetten in Braungrau werden die Bilder der beiden kühner und einander immer ähnlicher. Macht nichts – es geht ja ums Prinzip, um eine neue Kunst, nicht um persönlichen Stil.

Gemalt wird, was gerade rumliegt und nicht vom Experiment mit der Form ablenkt: Pfeifen, Flaschen, Gitarren, Spielkarten, Zeitungen. Oder Landschaften. Leute, mit denen man zu tun hat. Kunsthändler und so. Die neue Geliebte. Für die eignet sich der alle Einzelheiten im Undeutlichen lassende abstrakte Stil besonders. Fernande weiß nämlich nichts von ihrer Rivalin. Und das sollte auch besser ein Geheimnis bleiben – Eva Gouel ist doch ihre Freundin. Auf den Porträts der neuen Flamme steht »Ma Jolie«,

Für Pablo gibt's nur noch den Arbeitsrausch. Also, her mit den ollen Pötten!

»Meine Hübsche«, was der Titel eines Schlagers ist und somit auch nichts verrät. Wie sieht sie denn aus, diese Eva? Voilà – »Ma Jolie« (Abb. S. 39).

Aha. Sehr hübsch. Vielleicht etwas farblos. Kaum weibliche Rundungen. Spielt sie zufällig Gitarre? Sieht man doch! Rechter Arm, linker Ellbogen, beide angewinkelt, Finger an den Saiten, Notenschlüssel – man hört es fast! Wo der Kopf sitzt, weiß man ja. Je länger man hinschaut, umso mehr ist zu sehen. Hier blitzt ein Stück Gitarre auf, da vielleicht der Mund? Der ist, scheint es, fest zu. Eva singt nicht. Summt sie vor sich hin? Mit geschlossenen Augen sitzt sie da… Sind das runde Sessellehnen? Und da steht ein Weinglas. Oder auch nicht?

Ja, man braucht viel Phantasie bei den zerlegten Formen des »Analytischen Kubismus«. »Hermetisch« nennt man ihn, weil er so verschlossen und undurchdringlich ist. Kaum erkennt man was, ist es schon wieder verschwunden. Das ergibt den Eindruck ständiger Bewegung. Die mit kurzen Strichen gefüllten Facetten flirren. Da ist kein fester Umriss und kein einzelner Moment fixiert. Man sieht ein Gesicht zugleich von vorn und im Profil, ein Greifen oben und gleichzeitig unten am Gitarrensteg. Ein Winkel kann »Formel« für einen Arm sein oder abstrakte Form – ziemlich

Im Jahr 1912 brennt Pablos Herz für Eva. Fernande brennt auch, nämlich durch, mit einem anderen Maler.

irritierend! Die übliche Malerei als Wiedergabe eines Themas durch plastische Körper im dreidimensionalen Raum ist dahin! Farbe, Stimmung? Gibt's nicht.

Was wollen die zwei Gipfelstürmer damit? Warum zertrümmern sie die Kunst? Um sie neu zu erschaffen. Die Malerei soll nicht mehr erzählen und die Wirklichkeit abbilden. Darin ist sie sowieso am Endpunkt – das kann inzwischen jeder Kleckser. Sie soll auch frei sein von der Inanspruchnahme durch Kirche, Herrscher oder Bürgertum, die sie seit ewigen Zeiten zur Überlieferung ihrer Porträts und Wertvorstellungen benutzen. Um der Kunst diese Freiheit zu schaffen, sieht man sie am besten als reines Formproblem. Schließlich ist die Leinwand ja nicht wirklich ein puppenküchenartiger »Guckkasten«, sondern eine zweidimensionale Fläche! Ist das so schwer zu verstehen? Ja, schon. Das ist Kunst für Künstler und Eingeweihte. Die schreiben dann Artikel und Bücher darüber, und so langsam wagt der ein oder andere einen genaueren Blick auf die Sache. Und schon gibt's die ersten Käufer und Nachahmer und man ist, wie Picasso, der Held der Stunde.

Witzige Ideen und traurige Ereignisse

Im Jahr 1912 brennt Pablos Herz für Eva. Fernande brennt auch, nämlich durch, mit einem anderen Maler. Als sie zu Pablo zurück will, flieht der in den Süden. Im Herbst bezieht er mit Eva eine neue Wohnung. Kurz – er räumt erst sein Leben auf und dann sein Atelier.

Was sich da so angesammelt hat! Zeitungen, Tapetenreste, Wachstuch, Schnur… Herrliches Zeug für seine und Braques allerneuste Spielart ihres neuen Stils. Jetzt zäumen sie das Pferd andersrum auf: statt Formen zu zerlegen, kann man sie doch genauso gut auf der Leinwand zusammensetzen – mithilfe echter Materialien! Die Idee stammt von Braque. Nicht umsonst ist er Sohn eines Dekorateurs. Der Effekt ist verblüffend (Abb. S. 43): Man nehme ein Stück Wachstuch, füge es in Malerei und schon bilden ein Stuhl mit Pfeife, Weinglas, Zeitung und den typischen Stilllebenklassikern Messer und Zitrone, alles in herben Tönen, ein betont männliches Sammelsurium. Dass das im Vergleich zu den gemalten Dingen so echt wirkende Rohrgeflecht des Stuhls nur eine draufgedruckte Imitation auf Wachstuch ist, macht die Sache noch witziger. Umso mehr, als am rechten Rand des Bilds ein

Mit dem kleinen Scherz hat Pablo wieder ein Schlüsselwerk geschaffen: die erste Collage in der Kunst.

Stück nun wirklich echter Leinwand frei bleibt. Und während die Ovalform das gewohnte Rechteck des Tafelbilds verneint, tut die goldige Kordel so, als wäre sie ein vornehm-klassischer Rahmen!

Mit dem kleinen Scherz hat Pablo wieder ein Schlüsselwerk geschaffen: die erste Collage in der Kunst. Welchen Spaß er am Materialmix hat, zeigen die Gitarren, die er nun aus Holz, Pappe und Schnur zusammenbaut. Nicht, dass die schön wären – man

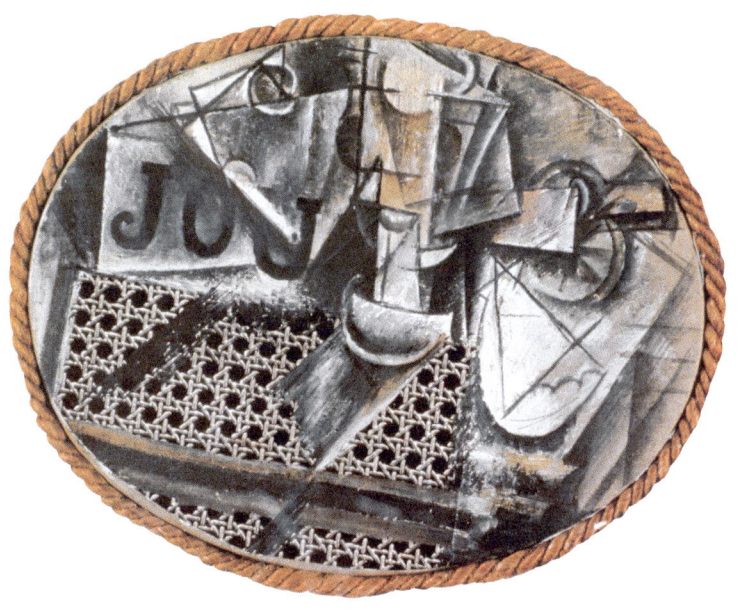

Was ist echt, was gemalt? Picasso spielt hier mit Materialien und Sehgewohn-
heiten – was dabei herauskommt, ist die erste Collage der modernen Kunst.

könnte auf Basteltag im Kindergarten tippen –, aber das sollen sie auch gar nicht. Es geht um die Umsetzung des bisher nur auf die Bildfläche gemalten Kubismus ins Dreidimensionale.

In den Bildern verschwinden nun die kleinen braunen Facetten. Bald sieht man Rot und Blau, hier ein dekoratives Ornament, da eine gemalte Holzmaserung, ein Stück Zeitung oder Tapete, gemalte Wörter und Silben. Als sage er dem steilen Berg, den er mit Braque im geistigen Hochseilakt bestiegen hat, Adieu, werden Picassos Bilder um 1914 bunter und heiterer. Zunächst auch sein Leben – zunächst. Es ist Eva, die ihm bald Sorgen bereitet. Eva? Die kleine »Madame Picasso«, die mit zärtlicher Tatkraft Ordnung schafft in Pablos Heim? Die kochen kann und nicht so kleinkariert ist wie Fernande, wenn's um Kunst geht? Die endlich Farbe in seinen Alltag und seine Bilder bringt! Doch Eva ist krank. Bald kann sie die Schmerzen, die ihr der Krebs bereitet, nicht mehr verbergen. Pablo ist am Boden zerstört. Noch ist er über den Tod des Vaters im Mai 1913 nicht hinweg, da droht der nächste Verlust. Hin- und hergerissen zwischen der Liebe zu Eva und seiner panischen Angst vor Krankheit und Tod, flieht er zum Malen ins Bateau-Lavoir. Als Eva in eine entfernte Klinik kommt, nimmt er täglich den Weg auf sich, um sie zu sehen. Eva stirbt Ende 1915. Mitten im Ersten Weltkrieg.

Fünf Ballette und eine Ballerina

Ohne Eva ist die Wohnung gespenstisch leer.

Mit dem Blick auf den Friedhof von Montparnasse kommt sein Zuhause Pablo selbst wie ein Grab vor. Grabesstimmung auch draußen. Im Krieg ist die Stadt wie ausgestorben. Auf den Straßen und in den Cafés, wo er vor sich hinbrütet, erntet er verächtliche Blicke – ein junger Mann, der sich davor drückt, als Soldat seine Pflicht zu tun! Soll er jedem erklären, dass er Spanier und sein Land neutral ist? Gut, er ist heilfroh, nicht an die Front zu müssen wie Braque. Trotzdem ist sein Leben die Hölle. Er ist einsam. Seit Evas Tod bleibt keine Frau bei ihm. Sogar zum Malen ist ihm die Lust vergangen. Auch sein neuer Fan, der junge Dichter Jean Cocteau, nervt ihn. Ja, schon schmeichelhaft, dass der ihn verehrt, der weltläufige Pfau im Hühnerhof. Trotzdem ist ihm der alte Eric Satie mit seiner schrulligen Musik, dem ewigen Schirm und den Manieren, steif wie sein Hut, lieber. Ihre nächtlichen Schweigemärsche zu Saties Wohnung in diesem lausigen Vorort sind ihm gerade recht. Vielleicht sollte auch er raus aus Paris? Umziehen – wie er das hasst! Doch das Haus in Montrouge ist nicht übel. Viel frische Luft. Also los. Bis Spätsommer will er seinen Krempel dort haben und neu anfangen. Cocteau hat da eine Idee. Er soll die

Ausstattung für ein Ballett dieses Russen Sergej Diaghilew entwerfen. Warum nicht? Seine Rolle als Hohepriester des Kubismus hat er eh ziemlich satt. Also, dann eben Ballett und Trallala. Wo er doch von Tuten und Blasen und der Hopserei keine Ahnung hat und eigentlich nur Flamenco mag! Cocteau ist von Pablos Zusage schwer beeindruckt: »In Montmartre und Montparnasse herrschte eine Diktatur – die strenge Phase des Kubismus. Außer Dingen, die man im Café findet, wie etwa eine Gitarre, war alles tabu. Ein Bühnenbild zu malen, noch dazu für das Ballets Russes, war Hochverrat. Das Schlimmste war, dass Picasso zu Diaghilew nach Rom musste. Wo doch der kubistische Verhaltenskodex nur Reisen innerhalb der Grenzen von Paris duldete, zwischen Place des Abbesses im Norden und Boulevard Raspail im Süden!«

So reist Pablo nach seinem Umzug – dem sogleich ein Einbruch folgte, bei dem die Diebe das Bettzeug mitgehen und die Kunst stehen lassen – 1917 nach Rom. Er entdeckt »eine Stadt voller Brunnen, Schatten und Mondschein« und eine rothaarige Ballerina namens Olga Koklowa. Pablo ist bezaubert. Diese Anmut! Die vornehme Zurückhaltung, ja überhaupt – diese Noblesse!

Also, dann eben Ballett und Trallala. Wo er doch von Tuten und Blasen und der Hopserei keine Ahnung hat und eigentlich nur Flamenco mag!

Eine echte Adlige, aus Russland, wo er doch alles Russische liebt! Die Eroberung der spröden Schönen ist kein Zuckerschlecken. »Vorsicht! Russische Mädchen muss man heiraten«, warnt ihn Diaghilew. »Du machst Witze«, grinst Pablo. Aber warum nicht? Er ist jetzt 36, stellt etwas dar und hat genug von der Boheme, von heißen Nächten und kalter Küche. Er sehnt sich nach Ordnung in seinem Leben, vielleicht sogar nach einer Familie?

Wenn das kein Vamp ist! In der Ehe mit der
mondänen Russin Olga führt Picasso ein Leben
in Luxus – was sie glücklicher macht als ihn.

Die Romanze blüht. Pablo malt Olga. Aber wo sind die Kuben geblieben? Als hätte sich seine Sehnsucht nach klaren Verhältnissen und einem Anker im Leben auf der Leinwand niedergelassen, erscheint Olga in aller Deutlichkeit (Abb. S. 47). Wie ein Scherenschnitt hebt sich der Umriss ihrer grazilen Gestalt vom leeren Hintergrund ab. Die lässige Pose nimmt dem ernsten Blick unter akkurat gescheiteltem Haar etwas von seiner Strenge, wie auch die Blumen des Schals das Schwarz des eleganten Kleids beleben. Es könnte eine Spanierin sein, die stolze Frau mit Marmorhaut und halb offenem Fächer. Entspricht sie damit Pablos Schönheitsideal? Zieht ihn auch die Kälte an, die sie ausstrahlt, ihre stechenden Augen, der schmallippige Mund, kurz, der unverkennbare Hang zu Herrschsucht und Eigensinn? Es scheint so. Schon im Juli 1918 findet in Paris die Hochzeit statt. Nach russisch-orthodoxem Ritus mit Kronen auf dem Kopf und dreimaligem Umschreiten des Altars. Den Umzug in die vornehme Rue de la Boétie hat man schon hinter sich. Nun genießt man die Flitterwochen bei adligen Gastgebern im ebenso vornehmen Atlantikbad Biarritz.

La période duchesse

»Vornehm« ist das Motto der neuen Lebensphase. Pablos Freunde nennen sie ironisch seine »Herzoginnenperiode«. Und die geht so: während man im Winter dem Reigen von Einladungen zu Bällen der mondänen Welt folgt, in bester Garderobe natürlich – sie trägt Chanel, er nur Maßgeschneidertes aus London –, hält man sich im Sommer in exklusiven Seebädern Südfrankreichs und der Normandie auf. Man gibt kleine, feine Diners in der luxuriösen Zimmerflucht mit Blick auf den Eiffelturm. Personal ist eine Selbstverständlichkeit. Applaus ebenso. Pablos Arbeit für Diaghilews aufregend neue Ballette macht ihn zum Hätschelkind der High Society. Finanziert wird das Wohlleben durch die Malerei. Seit die »Gauklerfamilie« einen Rekordpreis erzielte, reißt man ihm die Bilder aus der Hand. 1921 erscheint das erste Buch über ihn. Jede neue Kunstrichtung, ob Dadaismus oder Surrealismus, vereinnahmt den großen Picasso für sich – die vielen Stile, die er nun gleichzeitig pflegt, machen's möglich.

Olga widmet sich dem Jahrmarkt der Eitelkeit der Goldenen Zwanziger Jahre mit Hingabe. So hat sie sich ihr Leben vorgestellt. Pablos Kunst ist ihr egal, einzige Einschränkung: wenn er sie malt, will sie sich gefälligst wiedererkennen. Das ist ihre Vorstellung von Kunst. Rembrandt. Beethoven. Keinen kubistischen Kram. Das gilt bitte auch für Porträts von Paulo, dem Sohn, den sie am 4. Februar 1921 geboren hat. Wie hat Pablo sich da gefreut! Den Himmel auf Erden hat er ihr bereitet! Na, das war das Mindeste, nach der beschwerlichen

Nein, mein Lieber, das tust du mir nicht an. Niemals! Nikogda! Jamais! Jamás!

Schwangerschaft, der plumpen Figur, die sie plötzlich hatte, all den Einladungen, die sie nicht wahrnehmen konnte…

Mit dem Himmel auf Erden hapert es nun. Pablo wird immer unzufriedener und ruheloser. Er kommt nicht zum Malen, jammert er, vor lauter Blabla und Etepetete. Pah! Da führt man ihm ein Haus, erzieht sein Kind, erlaubt dem Herrn tagelange Rückzüge in den unaufgeräumten Saustall über der Wohnung, genannt Atelier, hält ihm wie ein bissiger Wachhund Besucher vom Hals und dann das! Der Streit letztes Jahr in Monte-Carlo – grässlich! Ja, sie hat sich aufgeführt wie eine Furie, als sie die alten Briefe seiner Freunde zerriss, bloß weil diese Fernande darin erwähnt war. Überhaupt, Pablos Freunde aus der Montmartre-Zeit – arme Schlucker, von denen keiner sie mag!

Solche Szenen passieren nun dauernd. Aber wenn sie eins nicht verträgt, dann die Drohung mit Scheidung. Scheidung! Von ihr! Einer Russin! Das muss sie sich von einem katholischen

Strand, Meer, Himmel –
was braucht eine junge
Familie mehr zum Glück?

Spanier anhören! Nein, mein Lieber, das tust du mir nicht an. Niemals! Nikogda! Jamais! Jamás!

Und Pablo? Der vergisst den Ärger, wenn er die Ateliertür hinter sich zumacht. Seine Olga-freie Zone. Tatsächlich war sie noch nie hier, im Mal-Laboratorium, seiner Hexenküche. Auch recht. Die Zeiten, wo er Olga vergötterte, sind eh vorbei. Ach, da ist es ja, das Bildchen aus besseren Tagen, die »Familie am Meer« – nie wird er das aus der Hand geben (Abb. S. 50/51)! Ein schöner Sommer war das, 1922 in Dinard. Der Atlantik zeigte sich von der besten Seite, jeden Tag waren sie am Strand. Ohne Anhang, Geschnatter und Abendgarderobe. Nur Sand, Meer, Himmel. Drei Streifen Natur und davor seine Lieben und er als Sockel des Familiendreiecks. Olga war wunderschön – eine wahre Muttergöttin! Und Paulo. Immer, wenn Papa feste am Dösen war, kam der mit seinem niedlichen Kitzelfinger – er konnte ihn einfach nicht schlafen sehen, der Kleine. Hatte wohl Angst, dass Papa Pablo tot ist... Der Anflug von Lächeln beim Vater ist ihm gut gelungen. Tja, so jung wie der wäre er gern noch mal! So frisch sah er schon damals nimmer aus, aber wie hätte das gewirkt, die junge Frau, das rosige Kind und dann ein über vierzigjähriger Halbgreis! Doch wenigstens seine Größe passt, »Größe« – haha! Schönes Bild, wirklich, und völlig ohne ehrgeizige Raffinessen. Ganz vernarrt war er in das Thema. X-mal hat er Olga gemalt, als antike Göttin, Erdmutter, Madonna. In sich ruhend wie die antiken Skulpturen, die er Jahre zuvor in Italien gesehen hatte. Endlich echter Marmor statt akademischer Gips! Nur der strampelnde kleine Racker auf ihrem Schoß stört die göttliche Ruhe dieser Bilder – aber auf bezaubernde Weise!

Olga verhätschelt ihn zu sehr. Hat Mama mit ihm auch getan, aber er war schließlich ein Wunderkind.

Jetzt malt er nur noch Paulo. Und das meist »klassisch« – Olga zuliebe. Als Harlekin zum Beispiel – sich zuliebe. Weil er, Pablo Picasso, nun mal eine Schwäche für dieses Kostüm hat. Oder, besser gesagt, für den kleinen Teufel und Bürgerschreck, der im Rautenfrack drinsteckt. Na, lebhaft und lustig ist Paulo nicht gerade, was seinen harlekinsfrechen Vater schon etwas enttäuscht… Vielleicht ängstigt ihn ja die Streiterei? Die fing so um 1924 an, als er »Paul als Harlekin« malte (Abb. S. 6). Jetzt hängt der unten im Salon, als Gegenstück zur schwarzen Olga mit dem Blumentuch. Zwei ernste Gestalten Seit an Seit – huh! Doch das hübsche Kerlchen ist ihm wie aus dem Gesicht geschnitten. Malen tut er auch recht nett. Am liebsten aber braust er mit dem Auto durch die Gegend – je schneller, desto besser! Von ihm hat er das nicht. Er hasst die Raserei und würde sich nie selbst ans Steuer seines Hispano-Suiza setzen. Was für ein Auto! Rassig, edel, schön – spanisch eben. Und teuer. Kann sich nicht jeder leisten, so viele komfortable Pferdestärken. Der Junge ist verwöhnt. Olga verhätschelt ihn zu sehr. Hat Mama mit ihm auch getan, aber er war schließlich ein Wunderkind, was man von Paulo nicht sagen kann. Der ist nur ein Prinz. Ein unfertiger dazu, unfertig wie das Bild – absichtlich nicht fertig gemalt, wie auch das von Olga. Das Skizzenhafte mildert die gefällige Glätte der genauen Malweise. Zeigt meine Pinselführung. Gibt dem Ganzen was Spontanes, Veränderliches. Genau das sollte ein Porträt haben – etwas Veränderliches. Denn nichts und niemand bleibt sich immer gleich.

Ich bin kein Gentleman

Ab 1925 hängt ein Schild an Pablos Atelier: »Je ne suis pas un gentleman.« Aha. Das ist wohl Picasso-Sprache für »Wer mich stört, kann was erleben!«. Und was macht der selbsternannte Nicht-Gentleman hinter der Tür? Er malt. Wildes Zeug. Rüpel-Kunst. Deformierte Gestalten. Einäugig, spinnenbeinig,

Picasso liebt Stil-Experimente und macht aus einem harmlosen Reigen durch wilde Formen und grelle Farben getanzte Ekstase.

scharfkantig. Schön groß. Und in Krachfarben. Au weh, was sagt Olga dazu? Der sollen die Augen übergehen! Na, Olga, wie findest du mein neues Bild (Abb. S. 54)? Macht sich »Der Tanz« in diesem schlossartigen Kasten, unserem noblen Feriendomizil hier im königlichen Fontainebleau, nicht gut? Du als Tänzerin musst dich da doch wiederfinden! Was, das ist nicht deine Art von Tanz? Och, das tut mir aber leid. Ja, mit Ballett-Pirouetten hat das wenig zu tun. Vielmehr mit Kraft! Lebensfreude! Unbändiger Sinnlichkeit! Dinge, die dir leider abgehen. Wie auch der Sinn für Kunst – für meine Kunst. Denkst du, ich bin ewig der brave Klassiker, den du mir gerade so durchgehen lässt? Ich kann auch anders. Und das besser als Meister Matisse. Schau, ich erklär's dir. Da ist ein Zimmer, ganz ohne blöde Möbel, hell und luftig! Die Sonne kommt durch die offene Tür, der Himmel macht gute Miene zum ausgelassenen Spiel dieser Wilden. Kopf hoch! Arme hoch! Beine hoch! Das ist ein Drehen und Stampfen! Ein Kreisen, das

Er malt. Wildes Zeug. Rüpel-Kunst. Deformierte Gestalten. Einäugig, spinnenbeinig, scharfkantig. Schön groß. Und in Krachfarben.

schwindlig macht. Da kommt's nicht auf Schönheit an, bei diesem Reigen. Das ist kein in weißem Tutu »sterbender Schwan«, meine Liebe – wenn die drei da hinsinken, dann kreischend und ineinander verschlungen. Ein Rausch! Da kann ein Bein gar nicht lang, ein Mund nicht klaffend genug sein. Und trotzdem – hat der Tanz nicht seine eigene Anmut? Schau mal hin! Ist er nicht ebenso kompliziert wie dein sauer erarbeiteter Pas de deux? Schon mal so getanzt, mein Herz?

Pablos Herz tanzt im Januar 1927. Da sieht er ein Mädchen auf der Straße, das ihm auf Anhieb gefällt. 17 Jahr, blondes Haar, römisches Profil. »Sie haben ein interessantes Gesicht, Mademoiselle«, spricht er sie an. »Ich würde Sie gern malen. Ich spüre, dass wir zusammen große Dinge machen werden. Ich bin Picasso.« – Picasso? Muss man den kennen? Von Kunst hat sie ja eher wenig Ahnung. Eigentlich interessiert sie sich nur für Sport. Bald interessiert sich Mademoiselle Walter auch für Picasso. Am 18. Geburtstag wird er ihr »wundervoll schrecklicher Liebhaber«. Sie sind

»Ich würde Sie gern malen. Ich spüre, dass wir zusammen große Dinge machen werden. Ich bin Picasso.«

glücklich. Aber das darf niemand wissen. Am wenigsten Pablos Frau. Kein Problem – Marie-Thérèse macht sich nichts aus Ruhm, Geld und feinen Leuten. Hauptsache, er liebt sie, besucht sie und – liebt sie eben. Das tut er. Das junge Ding ist Balsam für seine Seele. Alles an ihr gefällt ihm. Ihr nettes Lächeln. Die Natürlichkeit. Der von geistigen Höhenflügen unbeleckte Verstand. Und ihre unverdorbene Sinnlichkeit. Dieser junge, durchtrainierte Körper! Milch und Honig. Sanft schwellende Muskeln, weiche Kurven. Genauso malt er sie. Sie muss immer in seiner Nähe sein. Wenn er mit Olga und Paulo Ferien macht, mietet er ihr ein Zimmer am gleichen Ort. Das Vergnügen, sie dann heimlich beim Rudern, Schwimmen, Ballspielen zu beobachten! Vor Olgas Augen! Die Gute ahnt nichts. Warum sollte er's ihr sagen? Als spanischer Katholik kann er die Scheidung eh vergessen. Und Marie-Thérèse bedrängt ihn nicht – ganz anders als Olga, die immerzu fordert, fordert, fordert. Wie viel Wut und Eigensinn in dieser kleinen Person steckt! Sie kapiert einfach nicht, dass sich Liebe nicht erzwingen lässt. Dass ihre Zeit vorbei ist.

Drei Frauen und ein Kind

So ein Doppelleben ist teuer und ganz schön anstrengend!

Im Jahr 1930 kauft Picasso das Schloss Boisgeloup. In dem Riesenschuppen in der Normandie kann er endlich ins große Format einsteigen! Skulpturen machen! Marie-Thérèse hat ihn auf die Bildhauerei gebracht. Ihre athletischen Formen schreien nach plastischer Darstellung. Zudem kann sie hier wohnen. Sechzig Kilometer von Paris und Olga entfernt locken kreative Tage und ungestörte Schäferstündchen. Weil das Schloss dann doch zu weit weg ist, mietet er im Herbst gegenüber der Pariser Wohnung noch eine für die Geliebte. So ein Doppelleben ist teuer und ganz schön anstrengend! Das liegt nicht an Marie-Thérèse. Die ist ein Engel. Bei ihr findet er die Ruhe, die er zum Malen braucht. Das schönste Motiv liefert sie gleich mit. Dass sie vor lauter gottergebener Geduld beim Modellsitzen oft einnickt, fließt in die Bilder ein. Sie ist aber auch ein Traum von Dornröschen! Meine Güte, war das peinlich, neulich in der Galerie. Da feixen diese Bekannten von ihm und Olga doch glatt: »Sag mal, die Frau, die du uns da zeigst, die schläft ja die ganze Zeit!« Brenzlig, brenzlig… Aber Frau wie Bilder sind's wert – Marie-Thérèse, wie sie leibt und lebt. Oder, besser, schläft und träumt.

Ein Dornröschen ganz ohne Dornen ist Picassos
neue Geliebte, die sanfte Marie-Thérèse – die Form
ihres Gesichts zeigt wahrhaft herzliche Zuneigung.

Zum Beispiel in »Der Traum« von 1932 – ein Bild von einem Traum und ein Traum von einem Bild (Abb. S. 58). Die sanfte, zarthäutige Schöne, den Kopf zurückgelehnt, als würde sie liegen, die Hände offen im Schoß – wen stört da, dass ihre Rechte sechs Finger hat? Der weichgerundete Körper, hingegossen und doch fest im Sessel verankert. Die Perlen, die sich wie ein geschmeidiges Tierchen um den Hals schlängeln. Die Flut von Blondhaar, die dem Kopf Halt gibt – das alles bildet ein von der Figur losgelöstes Ornament und zeigt doch genau den Zustand

Marie-Thérèse, wie sie leibt und lebt. Oder, besser, schläft und träumt.

träumenden Schlummerns. Auch die Farbtöne sind voller Schönheit und Harmonie: Rot und Weiß – Farben der Venus, Rot und Grün – Akkord der Ruhe, Rot und Gelb – warmes Leben! Alles ist in einem großen Schwung gemalt und zeigt doch Details wie die rutschenden Träger des Kleids oder das Sonnenlicht auf dem Sessel. Das Gesicht ist trotz Stilisierung unverkennbar das von Marie-Thérèse. Als Maske mit den Zügen glückseliger Meditation schwebt es wie losgelöst über dem Körper. Der Riss vertieft seine Herzform und spaltet es in eine Profil- und eine Voransicht. Es sind zwei Gesichter und doch eines – als würde sich die Schlafende regen und bewegen.

Gibt's einen Namen für diesen Stil? Im Grunde nicht. Es ist eben ein Picasso. Ein sehr gelungener. Die Porträts von Marie-Thérèse gelingen ihm eigentlich immer. Das Leben mit ihr auch. Nur wenn Olga sich einmischt, sei's auch nur in seine Gedanken, kommen ruppige Bilder dabei raus, kämpfende Stiere, Angriff, Blut und Tod. Das sind seine eigenen Aggressionen, da, in dem Stier oder im Minotaurus – diesem kraftstrotzenden, aber auch verletzlichen Mischwesen, halb Mensch, halb Stier. Das ist er.

Das Mädchen am Rand mit den Blumen und dem Licht ist Marie-Thérèse, die ihn erlösen muss von seiner zerstörerischen Gier und Wut.

Warum diese Wut? Trotz Olga geht's ihm doch glänzend! Der Börsenkrach 1929 hat dem Absatz seiner Werke keinen Abbruch getan. Pablo diktiert die Preise, und die sind hoch. Zum fünfzigsten Geburtstag am 25. Oktober 1931 überschüttet man ihn mit Ehren. Scheußlich, solche Jubeltage! Müssen einen die Leute mit ihren Glückwünschen dran erinnern, dass man alt wird? Nicht eine Grußkarte hat er angeschaut. Das Beste an der Sache war,

Er könnte seinem Hund den Pinsel in die Pfote drücken – wenn er, Picasso, das Gesudel signiert, wäre wieder ein Goldbarren im Depot.

dass er auf seinen Retrospektiven – auch so eine Gemeinheit: Rückschauen! – viele verkaufte Bilder wiedergesehen hat. Das war, als würden verlorene Kinder im Goldkleid heimkehren. Ansonsten nervt dieser Ruhm. Hat das Gedöns noch was mit seiner Kunst zu tun? Was immer er macht, die Leute kriegen sich nicht ein vor Verzückung. Er könnte seinem Hund den Pinsel in die Pfote drücken – wenn er, Picasso, das Gesudel signiert, wäre wieder ein Goldbarren im Depot. Dabei ist er eigentlich nicht gierig. Ja schon, er lebt gern mit viel Geld – aber wie ein armer Mann. Paradox, aber wahr. Zum Beispiel sein Chauffeur. Der ist kein Luxus, sondern eine Notwendigkeit und ein Freund, der ihm sagt, was die kleinen Leute so denken. Dass Marcel eine Uniform trägt, war Olgas Idee. Wie auch die feinen Hotels. Er ist das der Welt doch geradezu schuldig. Allein schon seiner Mama. Soll er die alte Dame zum Bahnhof bestellen, wenn er nach Barcelona kommt? Oder ihr wie ein Arbeiter mit schwieligen Händen hinter der staubigen Autoscheibe zuwinken? Der ersten und einzigen

Frau, die immer an ihn geglaubt hat? Ja, die einzige! Eva hat ihn im Stich gelassen, indem sie starb, und Fernande hat ihn verraten mit ihren albernen Memoiren. »Neun Jahre mit Picasso« – ja, da hört die Welt hin! Da wird ein bisschen aus dem Nähkästchen geplaudert, nichts Böses, nein, aber genug, dass sich die alte Kuh mal wieder ins Gespräch bringt, mit ihren Einblicken in Pablo Picassos Werk und Charakter. Was über mich zu sagen ist, sage ich selbst – merkt euch das, ihr Möchtegern-Musen! Na, was das angeht, da droht von den anderen Damen keine Gefahr. Das Olga-Gewitter tobt sich vorzugsweise in Zimmerschlachten aus. Und Marie-Thérèse? Ach die. Was »Ach die«?! Marie-Thérèse! Die Fügsame, immer zum Lachen Aufgelegte! Hm. Vielleicht etwas zu fügsam. Und ihr Gekicher nervt auf Dauer. Sie ist halt keine Leuchte. Was ohne mich aus ihr geworden wäre? Keine Ahnung. Gymnastiklehrerin? Olympiasiegerin? Da könnte sie in diesen sportnärrischen Zeiten fast so berühmt sein wie ich. Na, da ist es schon besser, wenn sie ihren Sport mit mir betreibt. Es fehlt ihr doch an nichts, oder? Hat sie was verpasst in den acht Jahren? Sie ist Pablo Picassos Geliebte! Jetzt wird sie auch noch die Freude haben, sein Kind zur Welt zu bringen!

Girls, Girls, Girls

Die Schwangerschaft bringt die Scheidung wieder aufs Tapet. Besucht Pablo Marie-Thérèse, gibt er sich siegessicher. Dass aber Olga das halbe Vermögen bekäme bei der Trennung, lässt ihn schaudern. Da steht ihr die Hälfte seiner Bilder zu – undenkbar! Selbst der Verkauf eines Werks bereitet ihm immer noch Pein. Im Juli 1935 zieht Olga mit Paulo nach einem Krach ins Hotel. Damit Pablo keine Bilder beiseite schafft, lässt sie sein Atelier versiegeln. So gemein kann Olga sein! So hart ist das Gesetz! Wieder sitzt er im Café und leckt seine Wunden. Im »Deux-Magots«, dem Surrealisten-Treff am Boulevard Saint-Germain, bekommt er echte Wunden zu sehen. Da zieht die am Nachbartisch doch glatt ein Messerchen aus dem Handtäschchen, spreizt ihre behandschuhten Fingerchen auf dem Tisch und sticht immer schneller in die Zwischenräume! Eine blutige Mutprobe harter Matrosenjungs – mit beiläufiger Langeweile praktiziert von einer jungen Frau! Einer interessanten jungen Frau…

Am 5. September 1935 ist es soweit: er hat eine Tochter! Pablo ist glücklich. Ihr Name ist María de la Conceptión alias Conchita – nie hat er seine kleine Schwester vergessen, deren Tod

Ihr Porträt zeigt eine schöne Intelligenzbestie mit rotlackierten Raubtierkrallen und Feuer im Blick. Leicht überkandidelt vielleicht. Na, das sind alle Surrealisten.

ihm solchen Schmerz bereitet hat. Marie-Thérèse geht in der Mutterrolle auf. Ja, schön, aber… Irgendwie ist sie nicht mehr die aufregende Geliebte von einst. Wenn er sie so sieht mit dem Baby, ist die Erotik futsch. Und wie einfach gestrickt sie ist! Seine Bilder findet das Dummerchen »nicht umwerfend«. Trotzdem liebt er sie. Immer noch. Jetzt, wo sie ihm das Kind geschenkt hat, umso mehr. Er wird sie heiraten, klar! Um es gleich zu sagen – sie heirateten nie. Denn die Sache mit Olga zieht sich hin. Und das Verhältnis mit Marie-Thérèse wird nie mehr das alte. Da ändern auch die idyllischen Wochen nichts, die Pablo mit der neuen Familie in südlichen Gefilden verlebt. Irgendwie fehlt der Sache jetzt der Reiz des Verruchten. Ist bei Picasso eine Stelle frei geworden?

Pablo besetzt gleich zwei Stellen. Erstens die eines Sekretärs: seit 1935 lebt sein Jugendfreund Sabartés bei ihm. Pablo treu ergeben, wird er sein Prügelknabe und Mädchen für alles. Die von Olga verlassene Wohnung ist Schauplatz der Männerwirtschaft.

Voilà Dora Maar, eine Frau mit Geist und Temperament! Kennzeichen: scharfsinnig, spitzzüngig, spielt gern mit Ideen und Messern...

Bei Pablos Devise »Warum soll ich etwas wegwerfen, das so gütig war, sich bei mir einzufinden?« ist es ums gepflegte Ambiente der Zimmerflucht bald geschehen. Laken über den Möbeln machen diese zu im Weg herumstehenden staubigen Gespenstern. Überall stolpert man über Farbtuben und Pablos Werke. Am Kamin steht eine Drahtskulptur, als offizieller Erinnerungsschrein behängt mit dem »Korken einer bestimmten Champagnerflasche, Fähnchen, Quasten, einer Eisenspirale, einer Puppe, ungültigen Banknoten« und, und, und. Bald hängt hier auch ein blutbefleckter Handschuh.

Denn auch die Stelle der heimlichen Geliebten ist neu besetzt. Zufall oder Fügung, dass sein Freund, der surrealistische Dichter

Hat er nicht etwas Abwechslung verdient? Olga quält ihn mit bösen Briefen, ihr Anwalt mit Vorladungen, Marie-Thérèse mit der stillen Hoffnung auf baldige Ehe.

Paul Éluard, ihm just die interessante Frau aus dem »Deux-Magots« vorstellt? Sie heißt Dora Maar und ist Malerin und Fotografin (Abb. S. 63). Ein apartes Geschöpf, Jahrgang der »Demoiselles d'Avignon«, aufgewachsen in Argentinien und damit Pablos Muttersprache mächtig. Ihr Porträt zeigt eine schöne Intelligenzbestie mit rotlackierten Raubtierkrallen und Feuer im Blick. Leicht überkandidelt vielleicht. Na, das sind alle Surrealisten. Jedenfalls ist sie der denkbarste Gegensatz zu Marie-Thérèse. Und hat er nicht etwas Abwechslung verdient? Olga quält ihn mit bösen Briefen, ihr Anwalt mit Vorladungen, Marie-Thérèse mit der stillen Hoffnung auf baldige Ehe. Dass das mit Dora ernster wird, lag wirklich nicht in seiner Absicht. Es ergab sich so, als er sie im Sommer 1936 bei Freunden in Saint-Tropez wiedertraf. Es hat ihm gut getan, ihr sein Herz auszuschütten – auf Spanisch! Noch dazu hatten sich in Spanien aufständische Militärs gerade daran gemacht, die Regierung zu stürzen. Marie-Thérèse ist das so egal wie ein Sack Reis, der irgendwo in China umfällt. Dora hingegen! Hat er je mit einer Frau so anregende Gespräche geführt? Was, Politik betreffend, in seinem Kopf bisher ein vages Kuddelmuddel war – Dora holt es raus und macht eine Kampfansage draus. Ja! Wer, wenn nicht er, der berühmteste Spanier der Zeit, muss jetzt Farbe bekennen und gegen die Nationalisten um diesen General Franco Stellung beziehen! Italien, Deutschland und nun auch sein geliebtes Spanien – der Faschismus marschiert. Die guten Zeiten sind vorbei.

Gute Zeiten, schlechte Zeiten

Dümmer hätte es wohl kaum laufen können!

Picassos Feldzug besteht zunächst darin, die spanische Republik durch Unterschriftenaktionen und Geld zu unterstützen. Dafür ernennt man ihn zum Ehrendirektor des Prado – einem leeren Museum. Wegen der Bomben auf Madrid hat man die Bilder nach Valencia gebracht. Düstere Aussichten! Pablo aber geht's ganz gut – er hat Kraft getankt im Süden mit Dora und ohne Marie-Thérèse. So nimmt er im Herbst 1936 die gerichtlich verfügte Besitzaufteilung recht gefasst auf. Dabei hätte es kaum dümmer laufen können! Was soll Olga mit Schloss Boisgeloup, dem abgelegenen Kasten, wo sie nie war und jetzt Marie-Thérèse wohnt? Und was hat er von der Ehewohnung, wo in jeder Ecke das Gespenst Olga spukt? Aber Hauptsache, die Trennung ist offiziell. Mehr ist nicht drin. Die Scheidung kann er vergessen.

Doch wozu hat man Freunde? Da ist der gute alte Vollard, der ihm ein Haus bei Versailles anbietet, nah, doch nicht zu nah an Paris – genau richtig für Marie-Thérèse! Die zugehörige Scheune wird zum Atelier gemacht und schon sind Mama, Papa, Kind beisammen. Gut, nicht ständig. Ein-, zweimal die Woche, bestimmt aber am Wochenende! Schon wegen Maya. So heißt die Süße jetzt.

Marie-Thérèse im Mutterglück – zärtlich nimmt sie die kleine Maya unter ihre weichen weißen Fittiche.

Da »Conchita« für ihre kleinen Freunde nach »con«, »Dummkopf«, klingt, ruft man sie bald »María«, was sie wie »Maya« ausspricht. »Perfekt!«, findet Pablo die Selbsttaufe, »Es bedeutet die größte Illusion auf Erden«! Woher kennt er den »Schleier der Maya«, der für alle Täuschungen im Leben steht? Von der Lektüre des in seiner Jugend populären Philosophen Friedrich Nietzsche? Oder hat eine gewisse Dora ihn drauf gebracht? Wie auch immer, der Name ist schön. Auch die Mutter des antiken Gottes Hermes heißt so. Und eine römische Göttin, von deren Fest im Frühling der Mai seinen Namen hat. Maya Picasso. Nein, Maya Walter. Denn offiziell gilt Pablo als ihr Taufpate, nicht als ihr Vater. Das tut der Liebe keinen Abbruch. Wenn er da ist, ist er wirklich für sie da. Mit dem plötzlichen Ausruf »Beweg dich nicht!« hält er Maya in allen möglichen Situationen im Zeichenheft fest. Besonders als Dreijährige ist sie Pablos liebstes Modell.

Da sitzt Marie-Thérèse, sechs Jahre nach dem »Traum« und schöner denn je. Nun ist sie wach. Aber sieht sie nicht trotzdem aus, als träumte sie?

Am Beginn dieser Reihe steht ein Bild von ihr mit Mama (Abb. S. 67). Ein Winterbild in Gletscherfarben und doch voll Wärme, gemalt im Januar 1938. Wieder dient ein Sessel als Schauplatz. Hier ist es ein schwarzer Kasten – das einzig Eckige im Bild. Da sitzt Marie-Thérèse, sechs Jahre nach dem »Traum« und schöner denn je. Nun ist sie wach. Aber sieht sie nicht trotzdem aus, als träumte sie? Diese bläulichen Schatten im blassen Gesicht! Sie hat nur Augen für Maya. Selbst ihre Nase ist verschoben, wie um das geliebte Kind besser riechen zu können. Die Lippen finden sich in einem Hauch von Kuss. Die Münder ähneln sich wie ein Spiegelbild. Überhaupt ist Maya ganz die Mama. Die Hände der beiden stellt Pablo wie duftige Federn dar – weiße Flügel, Taubenflügel! Maya hat ihre ganz fest um Mamas Hals geschlungen, Marie-Thérèse hält Maya geborgen unter ihren Fittichen. Wie ein Schutzengel! Oder eine Glucke? Jedenfalls ist im Idyll kein Platz für einen Dritten. Hat sich Pablo zu Paulos Babyzeiten als Sockel der Familie gemalt, so ist er hier nur Zuschauer trauter Zweisamkeit.

Überhaupt ist sie ein unternehmungslustiges Ding! Eine Jägerin mit Schmetterlingsnetz, die vor Staunen vergisst, den Falter, der zum Greifen nah vorübergaukelt, auch einzufangen.

Er ist in jedem Sinn »nicht im Bilde«. Er will's ja so! Immerhin scheint Maya von ihm Notiz zu nehmen. Anders als ihre Mutter, der offenbar nichts und niemand zu ihrem Glück fehlt.

So hätte er's gern, nicht wahr? Vielleicht aber ist Marie-Thérèse zu traurig, um ihm ins Gesicht zu schauen? Noch immer bekennt sich Pablo nicht offen zu ihr. Auf den folgenden Bildern ist Maya den Armen der Mutter schon entwachsen. Ihr Blick gilt nun ganz Papa Pablo. Da sitzt sie auf dem Boden und zeigt ihm stolz Boot, Ball, Pferdchen, Puppe. Das Segelschiff scheint ihr liebstes Spielzeug zu sein. Überhaupt ist sie ein unternehmungslustiges Ding! Eine Jägerin mit Schmetterlingsnetz, die vor Staunen vergisst, den Falter, der zum Greifen nah vorübergaukelt, auch einzufangen. Bunt und auf lustige Art unbeholfen gemalt, passen Motiv und Stil der Bilder zusammen. Anders als Paulo, der auf seinen Porträts ein großer kleiner Prinz ist, ernst und brav, darf Maya ganz Kind sein. Pablo hat seine Freude an ihr. Marie-Thérèse spielt da keine Rolle. Er malt seine drei Frauen nun jede für sich. Sauber getrennt wie im wahren Leben! Marie-Thérèse weiß

Und... Action! In einem wahren Schaffensrausch
entsteht in kürzester Zeit das fast acht Meter
breite Kolossalgemälde »Guernica«.

noch immer nichts von Dora. Oder will sie's nicht wissen? Still findet sie sich im März 1937 mit Pablos Umzug in die Rue des Grands-Augustins ab. Dora hat hier, im Quartier Latin, für Pablo zwei Wohnungen übereinander besorgt, einen Katzensprung von ihrer entfernt. Dreißig Jahre lang ist dies nun sein Pariser Atelier. Eine Gedenktafel erinnert heute daran, dass Picasso hier sein berühmtestes Werk schuf – das große wie großartige Gemälde »Guernica«.

Guernica

Die Reise eines seiner Werke zur Weltausstellung hatte Pablo im Jahr 1900 nach Paris geführt. Bild und Maler fanden damals kaum Beachtung. 37 Jahre später steht der Stadt wieder eine Weltausstellung ins Haus. Und wieder ist ein Picasso im spanischen Pavillon – diesmal ein Wandgemälde, um das ihn die spanische Regierung gebeten hatte.

Pablo geht unlustig an die Sache. Frei und selbstbestimmt wie er lebt, liebt er's gar nicht, dass man ihm Aufträge erteilt, und seien die noch so ehrenvoll. Erst mal zieht er um. Dann räumt er sein wunderbar geräumiges neues Atelier ein. Es wird April. Am 25. Mai beginnt das Spektakel, und er hat noch keinen Strich gemalt! Am 26. April eskaliert der Spanische Bürgerkrieg. Meh-

> Pablo geht unlustig an die Sache. Frei und selbstbestimmt wie er lebt, liebt er's gar nicht, dass man ihm Aufträge erteilt.

rere Flugzeugstaffeln, darunter die deutsche Legion Condor, fliegen für Franco einen Überfallangriff auf die baskische Kleinstadt Guernica. In drei Stunden werden zwei Drittel der Häuser zerbombt. Da Markttag ist, kommen Hunderte von Menschen ums

Leben, darunter viele Frauen und Kinder. Die Welt ist erschüttert. Noch nie gab es einen Luftangriff auf eine Stadt und schutzlose Zivilisten. Sieht so der Krieg der Zukunft aus? Das schreckliche Ereignis und die Vision seiner Wiederholbarkeit rütteln Pablo auf. Nun hat er sein Thema für den Auftrag. Aus einer lästigen Angelegenheit wird ein eigenes Anliegen. In nur vier Wochen entsteht »Guernica« (Abb. S. 70).

Inhalt und Botschaft des großen Wandbilds gehen weit über die titelgebende Tragödie hinaus. Picasso malt nicht die Stadt Guernica und auch nicht den Bürgerkrieg. Was er zeigt, sind die Folgen jedes Kriegs, zu allen Zeiten – maßloses Entsetzen und der gewaltsame Tod Unschuldiger. Ein aufgebäumtes Pferd im Zentrum ist Symbol für das Volk. Drumherum schreiende Frauen, eine mit ihrem toten Kind im Schoß. Eine sterbend hingestreckte Gestalt, ein wutschnaubender Stier – Picasso baut das Desaster aus

Wirkt das nicht wie von einem Kind gekrakelt? Einem genialen Kind – eben Picasso.

Motiven des eigenen Formenvorrats und Zitaten nach Rubens und Raffael. Farbe, Raum und wirklichkeitsgetreue Körper spielen keine Rolle.

Wirkt das nicht wie von einem Kind gekrakelt? Einem genialen Kind – eben Picasso. Malte er als Kind wie ein Erwachsener, so jetzt wie ein Kind. Aufgerissene, aus der Form geratene Augen, Münder und Mäuler bilden einprägsame Masken des Alptraums. Gespreizte Finger und Zehen werden Formeln schreckstarrer Verkrampfung, Feuerzungen erscheinen wie Drachenzähne. Das alles in Graubraun, das sich im grellen Licht einer ärmlichen Glühbirne zu einem unruhig flackernden, fahlgelben Weiß aufhellt. Kann die Welt ein gewalttätigerer, grässlicherer Ort sein?

Das Werk wird zunächst nur von wenigen verstanden. So klar die Botschaft auf den ersten Blick ist – die nähere Deutung beschäftigt die Forscher noch heute. Bis 1939 reist das wandfüllende Schreckenspanorama von Ausstellung zu Ausstellung. Zu Beginn des Zweiten Weltkriegs ist es in New York. Hier bleibt es, auf Wunsch Picassos. Nach der Befreiung Spaniens vom Faschismus soll es in seine Heimat gebracht und dort für immer gezeigt werden – was erst 1981, sechs Jahre nach Francos Tod, geschah.

Die Entstehung des künstlerischen Meilensteins dokumentieren Fotografien von Dora Maar. Damit und indem sie Pablos politisches Bewusstsein weckt und schärft, kann sie in jeder Hinsicht als Muse des Bildes gelten. Hat er nun die Frau seines Lebens gefunden?

Macho Pablo

Auf seine Art ist Pablo treu – auf seine Art. Wie bekannt, gibt er ja, was er hat, höchst ungern wieder her. Das gilt für Bilder, Häuser, Frauen. Für Marie-Thérèse, Dora und sogar Olga. Was Anlass zu Verwicklungen gibt. Und unschönen Szenen. Gerade die aber scheinen ihm zu gefallen. Was etwa macht ein Mann von Welt, wenn die auf Abstand gehaltene Mutter seiner Tochter unangemeldet im Atelier auftaucht? Er flötet ihr »Guernica ist für dich« ins Ohr. Noch mal die Kurve gekriegt, alter Lügenbold? Beim nächsten Besuch ist die Lage brenzliger. Dora ist da. Die Gelegenheit für Marie-Thérèse, der mal Grenzen aufzuzeigen! »Ich habe ein Kind von diesem Mann. Es steht mir zu, da zu sein. Sie können sofort gehen.« Tapfer, tapfer, die Kleine. Bisschen hilflos auch. Irgendwie rührend. Mal sehen, was Dora sagt. »Ich hab das gleiche Recht, hier zu sein. Kind oder nicht – das macht keinen Unterschied.« Hm, ganz schön unterkühlt, die Gute. Echt spannend. Ruhig bleiben, Pablito, still weiterpinseln. »Entscheide du, Pablo. Wer von uns beiden muss gehen?« Ach, Mariechen, schwere

Wahl. Die eine sanft, die andre klug, am besten, alles bleibt, wie's ist. Wie wär's, wenn ihr das unter euch ausmacht? --- Oje, nicht doch, ihr zwei! Hört auf, ihr zerreißt euch die guten Kleider! Nicht kratzen, ihr Raubkatzen! Denkt an eure Frisuren! Andererseits, was für ein Anblick. Zwei schöne Frauen schlagen sich um mich!

Dass Pablo das Duell genießt und zu seinen »wertvollsten Erinnerungen« zählt, wirft kein gutes Licht auf ihn. Und das ist nicht der einzige Fleck auf seiner Weste. Führt er in der traurigen Ehe mit der scheidungsunwilligen Olga noch mit einigem Recht ein Doppelleben, so wird das Spiel jetzt Gewohnheit. Wieder reist Marie-Thérèse im Sommer Pablo hinterher, Maya im Schlepptau und mit Dora eine größere Rivalin im Visier, als Olga es je war. Die aber wird über Paulo stets auf dem Laufenden gehalten, wo der abtrünnige Gemahl seine Zelte aufschlägt. Der lacht sich ins Fäustchen, wenn Olga dann auf der Szene erscheint und laut zeternd eine solche veranstaltet. Drama, Baby! Auch Doras Stellung ist nicht unangefochten. Pablos Begeisterung für Frauen ist unermüdlich. Hier ein Flirt, da eine Flamme und dann noch Nush Éluard, das freche kleine Frauchen seines Freundes Paul…

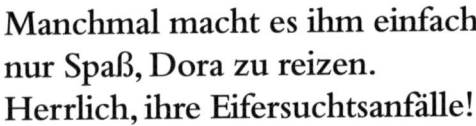

Manchmal macht es ihm einfach nur Spaß, Dora zu reizen. Herrlich, ihre Eifersuchtsanfälle! Bald ist aus der verführerischen, selbstsicheren Femme fatale seine »Weinende Frau« geworden. Was in »Guernica« Motiv tiefsten Leids ist, variiert er nun in einer Reihe von Bildern, die seine Geliebte als aufgelöstes Häufchen Elend zeigen (Abb. S. 74). Was, das soll Dora sein?! Die vor kurzem noch strahlende, auf den Maler und die Welt herabschauende Intellektuelle – ein heulendes Tränentier! Oh, das Bild an sich ist

Die Frauen haben es nicht leicht mit Pablo.
Der wiederum sieht ihren Liebesschmerz
mit den Augen des Künstlers – nicht gerade
schmeichelhaft, aber genial!

toll, Pablo. Dieser in die Ecke abgeschobene Kopf vor der großen Leere in kaltem Magenta-Rot! Das aus den Fugen geratene, verschmierte Gesicht mit taumelnden Augen und schleimklebriger Nase! Der verkrampfte Mund, das matte Rinnsal der Haare, das Leidenskreuz der Stirnfalten. Und der schroffe Keil von Taschentuch, halb vollgerotzt, halb schneeiger Eisberg voll eingeritzter Tränen, gehalten von unscharf gemalter, fahriger Hand. Die Hilflosigkeit. Das Flehende!

Ein großartiges Bild, ein einziges hingewuchtetes Zeichen. Der Zeit voraus. Aber erkauft mit billigen Spielchen und Psychoterror? – »Ein Maler muss schaffen, was er spürt. Für mich

Es ist wohl wahr, dass er in der coolen Dora gleich die schlummernde Tragödin erkannt hat. Ein Maler sieht eben mehr!

war Dora immer eine Weinende. Weil Frauen Leidensmaschinen sind.« – Deine Frauen, weil du sie dazu machst. – »Ich könnte Dora nie lachend malen. Ich habe sie verzerrt gemalt, nicht aus Grausamkeit, nicht aus Vergnügen, sondern nach der Vision, die sich mir aufdrängte.«

Es ist wohl wahr, dass er in der coolen Dora gleich die schlummernde Tragödin erkannt hat. Ein Maler sieht eben mehr! Noch dazu, wenn auch in ihm ein Dämon schlummert. Dann muss er aus der geliebten Person auf Teufel komm raus die dunkle Seite hervorkitzeln. Dann muss er Dora genüsslich demütigen, provozieren, klein kriegen mit Sprüchen à la »Ich finde dich nicht anziehend. Ich liebe dich nicht.« Gut, das Bild ist kein Porträt im strengen Sinn. Es könnte irgendeine Frau in ihrer Not zeigen. Und okay, ein guter Künstler muss kein guter Mensch sein. Pablo ist beides im Extrem: ein großer Künstler und ein ausgesprochenes

Ekel. Nicht immer. Aber oft. Je älter, umso mehr. Frauen gegenüber. Bei Freunden. Wenn er will, haben die im Lokal vor allen Leuten einzeln zum Vorsingen anzutreten. Wer mitmacht, ist mein Freund, wer kneift, liebt mich nicht und kann gehen. So einfach ist das. Pablo hat stets neue Feuerproben und Treuetests für den Hofstaat auf Lager. Warum nur tanzen alle nach seiner Pfeife? Weil's wahre Freunde sind? Nicht alle machen mit. Manche verweigern sich seinen selbstherrlichen Machtbeweisen – was bei ihm Unmut und, man höre und staune!, Respekt hervorruft.

Die Frauen haben's schwerer. Da ist Gefühl im Spiel. Liebe. Oder, bei Marie-Thérèse, viel Gefühl, wahre Liebe und völlige Abhängigkeit. Doch eigentlich hängen alle an ihm. Er ist ja nicht nur boshaft. Er kann so liebenswert sein! Und rührend hilfsbedürftig, der große Mann. Ängstlich sogar, und furchtbar abergläubisch. Dass er kindlich ist, ja kindisch, macht gerade seinen Charme aus. Solche Schwächen und Star-Allüren, kombiniert mit Genie, Witz und Intelligenz! Er ist faszinierend. In seinem Dunstkreis zu sein, ist kein Sonntagsspaziergang, sondern ein Tanz auf dem Vulkan. Vulkan? Ein Mann, der sich beim kleinsten Weh-

Pablo ist beides im Extrem: ein großer Künstler und ein ausgesprochenes Ekel. Nicht immer. Aber oft. Je älter, umso mehr.

wehchen auf dem Sterbebett wähnt, bei jedem Todesfall im Umkreis wegläuft, weil er sich verflucht sieht, der Nächste zu sein? Ja, auch das ist Picasso. Vielleicht gehören ja die Angst vor dem Tod und die Angst, nicht genug geliebt zu werden, zusammen. Jedenfalls ist Angst eine Triebfeder für seine Kunst wie für seine Grausamkeiten.

Ein Spanier friert nie

Das Jahr 1939 fängt für Pablo schon schlimm an: am 13. Januar stirbt seine Mutter. Dem Begräbnis bleibt er fern – die Angst vor dem Fluch und vor den Aufständischen siegt über Liebe und Respekt gegenüber der Verstorbenen. Damit hat er die Chance, Barcelona noch einmal zu sehen, verpasst. Im gleichen Monat erobert Franco die Stadt. Bald kapituliert Madrid. Dieses »schwarze Spanien« will er nicht betreten, schwört Pablo. Ein Abschied für immer. Erst zwei Jahre nach seinem Tod wird Spanien mit Francos Ende neue Wege gehen.

Kaum erholt von dem Verlust, stirbt sein Kunsthändler Vollard bei einem Autounfall. Dass dessen Chauffeur Marcel heißt – wie seiner!, und es eine Statue des verhassten Bildhauers Maillol ist,

Einen alten Baum verpflanzt man nicht.
So erträgt er Ausgangssperre, Lebensmittel-
rationierung, Kälte im Atelier und
Hakenkreuze überall mit knurrigem Gleichmut.

die Vollard beim Bremsen im Genick trifft, sieht Pablo als Omen. Das Schicksal hat Böses mit ihm vor! Da liegt er richtig. Bald schlägt das Schicksal zu. Doch nicht nur über ihm hängt ab Kriegsbeginn im September für lange Zeit ein Damoklesschwert.

Dabei läuft gerade alles bestens. Die Welt liebt ihn. Berühmte Fotografen bitten ihn, für Edelblätter wie das »Life«-Magazin zu posieren. In New York findet eine Retrospektive zum vierzigjährigen Schaffensjubiläum statt. Da kommt ihm diese dumme Politik in die Quere: »Wenn man mich damit ärgern will, dass man Krieg führt, geht das zu weit, oder?!« Seine erste Sorge gilt den Bildern. Die zusammenzusuchen und in zwei zimmergroße Stahltresore seiner Bank zu bringen, ist »so kompliziert wie ein Umzug des Louvre«. Wieder müssen Freunde an die Front oder ins Exil. Wieder hockt Pablo in den Cafés des auf Sparflamme lebenden Paris. Mit der deutschen Besatzung im Juni 1940 wird alles noch trister. Hätte er doch der Einladung in die USA folgen sollen? Aber er hat zwei Familien zu versorgen! Und was soll er dort. Einen alten Baum verpflanzt man nicht. So erträgt er Ausgangs-

Die Kunst liegt auf der Straße, man muss nur den Blick dafür haben. Ich suche nicht, ich finde!

sperre, Lebensmittelrationierung, Kälte im Atelier und Haken-kreuze überall mit knurrigem Gleichmut. Und mit der Angst im Nacken, ausgewiesen zu werden. Sein Antrag auf französische Staatsbürgerschaft wird abgelehnt. Auch die Nazis setzen ihm zu. Seine Bilder gelten als »entartet«, er darf nicht ausstellen. Ab und zu kommen arrogante Nazibeamte, fragen ihn über seinen jüdi-schen Vermieter aus und trampeln, oh, das tut uns aber leid!, schon mal über ein Bild. Dann wieder schnüffeln sie herum unter dem scheinheiligen Vorwand ihrer Erkundigung, ob er denn auch genug Kohlen zum Heizen habe. Ha! Dann lieber Frostbeulen. »Ein Spanier friert nie!«, sagt er ihnen eiskalt ins Gesicht. Und herrlich, dass ihm prompt die passende Antwort einfiel, als dieser Nazioffizier beim Anblick des Fotos von »Guernica« fragt: »Haben Sie das gemacht?« − »Nein, Sie!« Herrlich. Weh dem, der nicht glaubt, dass er das wirklich gesagt hat.

Arbeitet er in der Zeit? Viel sogar. Dumm nur, dass ihn jetzt, wo kein Material zu haben ist, die Bildhauerei wieder packt. Da ist Improvisation gefragt. Ein alter Fahrradsattel, rostige Lenkstange drüber, fertig ist der Stierschädel! Die Kunst liegt auf der Straße, man muss nur den Blick dafür haben. Ich suche nicht, ich finde! Stierschädel finden sich auch auf den kriegstypisch kargen Stillleben. Oft sehen auch die Köpfe der Frauen, die er nun ständig malt, wie knochige Schädel aus. Es sind nicht »seine« Frauen – eher Ausdrucksfiguren ohne persönliche Merkmale. Als Versuchskaninchen in Sachen Deformation sitzen sie auf allen Arten von Stühlen. Was für Sigmund Freud das Sofa, ist für Picasso der Sessel – Ort der Erkundung einer Seelenlandschaft. Die Bilder wirken kalt. »Wenn Frauen aussähen wie die von Picasso gemalten, wäre die Erde bald entvölkert!«, höhnt die Kritik. Versteht man seine Kunst nicht mehr oder wird Pablo wirklich zum Frauenhasser, wie Sabartés, sein Mann für alle Fälle? Treibt er deshalb Dora zum Wahnsinn? Die sitzt nur noch am Telefon und wartet auf seinen Anruf.

Auch Marie-Thérèse wartet. Auf Donnerstag und Sonntag, wenn Pablo kommt. Ein Zimmer der Wohnung ist stets verschlossen. »Da arbeitet Papa, man darf ihn nicht stören«, sagt sie der kleinen Mitgenossin ihrer Traumwelt. Wenn sie sich bei Pablo ihre Kohlenration abholt, muss sie die alleine heimschleppen. Unge-

Mit feurigen Briefen hält er sie bei Laune – Liebesbriefe für Marie-Thérèse, tausend kleine Geschenke für Dora.

rührt verwehrt er ihr ein Stück Seife, um das sie ihn bittet, als er ihr einen ganzen Schrank voll davon zeigt. Die Seife und diese Goldbarren, das gehört dir, falls es zum Äußersten kommt, sagt er und klappt die Tür wieder zu. Mit feurigen Briefen hält er sie bei Laune – Liebesbriefe für Marie-Thérèse, tausend kleine Geschenke für Dora. Alle selbstgemacht, mehr herzig als herzlich. Zweifellos sind Frauen für ihn das Salz der Erde. Sie haben Macht über ihn – aber das dürfen sie nicht wissen. Am besten hält man sie mit Verachtung und überlegenem Getue im Zaum.

Das gilt auch für Freunde. So verlässt er kaum noch das Atelier. Soll die Welt zu ihm kommen! Er besucht nicht, er empfängt. Ganz so gelassen ist er aber auch wieder nicht. Würde er sonst jeden Morgen die Liste seiner Freunde studieren, die Sabartés dann auf den neusten Stand bringt? Eifersüchtig zählt er Besuche. Was, X war diese Woche zweimal bei Braque und nur einmal bei ihm? Pablo ist drauf und dran, zum verschrobenen Kauz zu werden. Aussehen tut er schon so. Diese alten Hosen! Die nur noch von Sicherheitsnadeln zusammengehaltene Jacke, mit der an einem Schnürsenkel baumelnden Uhr im Knopfloch! Die wie angewachsene Baskenmütze! Gut, Pablo hat kaum noch Haare und hasst Kälte am Kopf. Ein Spanier friert eben doch. Vor allem im Exil. Wann hört dieser Krieg endlich auf?

**Frau oder Blume? Die schöne Francoise ist für Pablo
beides in einem. Wenn sie nur nicht so eigensnnig wäre!**

Der Sonnenkönig

Wer bringt schon einem alten Herrn Blumen!

Und dann noch Cinerarien. Aschenblumen. Ja, es ist zwar Krieg, aber – Cinerarien! Greisenkraut! Für Picasso! Das sind die einzigen, die zu meinem Kleid passen. Ach so. Na dann. Ich hab dir die schönsten roten Kirschen geschenkt, als ich dich mit deiner Freundin da sitzen sah, beim Essen im »Catalan«, und du bringst mir purpurne Cinerarien.

Wenn eine das darf, dann du, Françoise Gilot. Weil du mir gefällst. Weil du selbst eine Blume bist. 22 Jahre jung – das ist wie Frühling mitten im endlosen Winter namens Krieg. Komm rein. Schau dich um. Was, der Matisse da in der Ecke gefällt dir?! Hör mal, du bist hier bei Picasso! Gleich zeig ich dir ganz andere Sachen! Hier zum Beispiel – heißes Wasser, direkt aus dem Hahn. In diesen Zeiten!

Wollen Sie ein Bad nehmen? Nein? Meine Bilder wollen Sie sehen? Klar, Sie malen ja auch. Heute zeig ich Ihnen nur das hier, und das… Mehr nicht, nein. Wenn's Ihnen nur um meine Bilder geht, können Sie ja ins Museum gehen.

Es geht ihr wirklich um die Bilder. Sie ist ja Malerin, hat dafür ihr Jurastudium sausen lassen, den Vater vergrätzt und ihr wohlbehütetes Nest verlassen – das ist gerade mal zwei Jahre her. Wenn sie nun schon den großen Picasso trifft, will sie dem auch mal über die Schulter gucken. Wie der gelacht hat, im »Catalan«, als er »Malerinnen« hörte. Denkt der, das können nur Männer? Aber in meiner Ausstellung war er dann doch, heimlich, mit hochgeschlagenem Mantelkragen. Na, das Interesse gilt wohl mehr meiner holden Weiblichkeit als meiner Kunst.

Gut, auch sie interessiert sich inzwischen für den Mann im Maler. Dass ihr einer gefallen könnte, der älter ist als ihr Vater… Aber wer denkt schon, dass Pablo 62 Jahre alt ist? Er wirkt viel jünger. Es ist sein Blick. Die Art, wie er eine Sache sofort erfasst. Sie wird ihm wohl nicht lang widerstehen können. Aber leicht macht sie's ihm nicht! Schon weil er verheiratet ist. Und dann noch liiert, mit dieser kapriziösen Dora Maar. Zwei Kinder hat er auch, von verschiedenen Frauen. Sein Sohn ist genauso alt wie sie. Oje – rette sich, wer kann!

Bei ihren Besuchen gibt sich Françoise interessiert, aber kühl. Als Pablo sie küsst, bleibt sie gelassen. Das macht ihn fuchsteufelswild. »Sie hätten mich zumindest wegstoßen können!«, empört er sich, »Wie können Sie erwarten, dass ich jemand unter solchen Bedingungen verführe? Wenn Sie keinen Widerstand leisten! Ich muss mir das noch überlegen.«

Was er sich überlegt, sind neue Eroberungsschachzüge. Françoise' Selbstbeherrschung bleibt sich gleich. Das befeuert Pablos Verliebtheit noch – abgesehen von ihrem Schmollmund, den grünen Augen und dem kleinen Leberfleck auf der Wange. Glaubt er sich am Ziel, entzieht sich Françoise. Sie hat ihr eigenes Leben! Bei diesem Hin und Her geht Zeit ins Land. Das Jahr 1943. Die Befreiung von Paris im August 1944. Die feiert Pablo mit Marie-Thérèse und Maya.

> **Als Pablo sie küsst, bleibt sie gelassen. Das macht ihn fuchsteufelswild.**

Dora weiß von der neuen Rivalin. »Ich schweige«, sagt sie und tobt dann los. Es folgt ein Nervenzusammenbruch, sie hört neuerdings Stimmen. Pablo bringt sie in die Klinik eines bekannten Psychiaters. Ob es sein Wunsch nach Trennung ist, der sie so verstört, ist nicht auszumachen. »Denkt doch an ihre irren Hüte – sie hatte schon immer einen Hang zum Übersinnlichen«, witzelt er Freunden gegenüber. Im Juli 1945 fährt er mit ihr in die Provence. Im Dorf Ménerbes hat er im Tausch gegen ein Stillleben unbesehen ein Haus erworben. Die alte Bude ist stattlich, aber klamm und voller Skorpione. Ein Geschenk für Dora! Freigekauft hat er sich damit noch lange nicht. Dora will nicht wahrhaben, dass auch ihre zehn Jubeljahre mit Pablo vorbei sind. Als ihr der verwitwete Paul Éluard 1946 einen Heiratsantrag macht, sagt sie: »Nein, nach Picasso nur noch Gott.«

Die Friedenstaube

Nicht nur für Dora ist Picasso ein Gott. Ab August 1944 wird er über Nacht zum Weltstar, ja zum Mythos. Sein Ausharren in Paris in der schweren Zeit macht ihn zum Mann der Stunde. Obwohl er nie im Widerstand aktiv war, gilt er als mutiger Antifaschist. Besucher geben sich bei ihm die Klinke in die Hand. Junge amerikanische Soldaten, die den Maler von »Guernica« sehen wollen, stürmen das Atelier und schlafen auf dem Boden, wenn's bis zur Audienz im »inneren Heiligtum« dauert. Nach der Isolation ist das Balsam für Pablos Seele. Fotoserien zeigen ihn mit seiner Lieblingstaube und sorgen für Ruhm weltweit. Sein Beitritt zur kommunistischen Partei ist für die treuen amerikanischen Sammler erst mal eine kalte Dusche. Auf seiner Ausstellung in Paris landen Farbbeutel auf den Bildern. Kein Grund, zurückzurudern. Welcher Künstler und Intellektuelle ist heutzutage nicht Kommunist? Wie diese interessiert auch Pablo weniger, was die Partei in Moskau unter Stalin treibt, als was die Genossen in Europa für Freiheit und Frieden tun. »Die Zeit der Unterdrückung hat mir gezeigt, dass ich nicht nur mit meiner Kunst kämpfen muss. Daher bin ich in die KP eingetreten, der ich mich schon lange verbunden fühle.« Romantisch wie seine Idee vom Sozialismus ist auch das Symbol, das 1949 das Plakat zum kommunistischen Friedenskongress in Paris schmückt: die weiße Friedenstaube. Auf immer bleibt sie mit Picassos Namen verbunden – obwohl es der Parteigenosse und Dichter Louis Aragon ist, der das Motiv in Pablos Atelier aus einem Stapel Grafiken zieht. »Armer alter Aragon«, denkt Pablo, als der damit beglückt Richtung Druckerei davoneilt. »Er weiß nichts über Tauben. Es gibt kein grausameres Tier. Sie sind gefräßig und streitsüchtig und hacken sich gegenseitig die Augen aus. Von wegen Friedenssymbol!«

Auch privat ist nicht alles Friede, Freude, Eierkuchen. Die Umgarnung von Françoise gestaltet sich schwerer als gedacht. Da ruft ein liebeskranker Picasso sie nach Antibes, und die junge Dame zieht es vor, ihre öden Ferien in der Bretagne fortzusetzen! Erst ein Ultimatum bringt sie im Mai 1946 dazu, zu ihm zu ziehen.

Auch privat ist nicht alles Friede, Freude, Eierkuchen.

Na warte, Kleines, jetzt zeig ich dir, wer Herr im Haus ist! Was dir gut täte, ist ein Kind. Nicht, dass er Bedarf hätte – ihm reicht der Nichtsnutz Paulo. Einen Kopf größer als er, rothaarig wie Olga und macht nur Ärger. Rast mit dem Motorrad durch die Gegend und gibt Papas Geld für Schnaps und Mädchen aus. Trotzdem, mit Françoise würde er's noch mal probieren mit dem Zusammenleben, Kind und Pipapo.

Bei ihrem Einzug knirscht das eingefahrene Räderwerk in der Rue des Grands-Augustins. Sabartés und die Haushälterin Inés fürchten um ihre abgesteckten Herrschaftsbereiche und reagieren ungnädig. Pablo schaut zu. Bald fühlt sich Françoise wie der Torero eines endlosen Stierkampfes – Tag und Nacht gerüstet und auf den nächsten Angriff gefasst. Immer das Gleiche. Kaum ist die Frau erobert, beginnt Pablo mit ihrer Demontage. An Ideen mangelt's ihm nie. So lockt er Françoise im Juli in die Provence. Ferien! Die finden, Überraschung!, in Doras Haus statt. Zwar ist sie nicht da, aber präsent ist sie doch. Wie die Skorpione im Bett. Nach schlaflosen Nächten muss sich Françoise beim Frühstück das Schönste aus den täglich ein-

> **Na warte, Kleines, jetzt zeig ich dir, wer der Herr im Haus ist!**

trudelnden Liebesbriefen von Marie-Thérèse anhören. Inklusive Pablos Seufzer: »Diese Frau liebt mich wirklich… Du bist zu unreif, um das zu verstehen.« Nicht lang und sie packt den Koffer. Nicht lang und vor der flüchtigen Tramperin bremst ein Auto. Marcel am Steuer. Pablo am Süßholzraspeln. Und schon sitzt Françoise reuig auf der Rückbank. Volle Punktzahl für den Hexer! Kann sie einen Mann verlassen, der ihr in einer lauschigen Kapelle ewige Liebe schwört? Der sich rührend um eine verletzte Eule kümmert? Der unglücklich ist, weil er seine Bilder immer schlechter findet? Nein.

Schon wegen des seltsam schönen Porträts nicht, das er von ihr gemalt hat (Abb. S. 82). Auslöser war die ewige Konkurrenz mit Matisse. Zieh dir was in Malvenrot und Blattgrün an, wir besuchen den armen alten Henri, deinen Lieblingsmaler. Er soll dich kennenlernen und das in seinen Lieblingsfarben! Matisse ist gleich Feuer und Flamme. So eine Schönheit! Ich würde Françoise gern malen, mit grünem Haar, ja, und die Haut in Zartblau… – Also echt, was maßt der sich an! Ich geh doch auch nicht einfach her und male seine Lydia! Lass dich bloß nicht drauf ein, dem Kerl Modell zu sitzen. Da kommt nur ein wüst gemusterter Perserteppich raus, vor dem als leeres Oval dein blaues Gesicht rumeiert! Lieber male ich dich selbst. Wenn's denn schon sein muss. Hm. Gar nicht leicht. Du bist irgendwie anders. Das muss alles wieder weg, Arme, Beine, Rumpf... Jetzt hab ich's. Warte. Schau! Wir sind alle mehr oder weniger Tiere. Du nicht. Du bist wie eine Pflanze im Wachstum. Ich hatte noch nie das Gefühl, jemand so malen zu müssen. Seltsam, nicht?

Seltsam, aber schön. Der filigrane Stängelkörper, voller Spannkraft, mit Bodenhaftung und doch losgelöst. Kein Sessel weit und breit! Starke Arme, im Gleichgewicht, in der einen Hand eine Kugel – die ganze Welt mit Land und Wasser! Und der ruhige Blick, fest und zugleich träumend. Ja, ich erkenne mich. Grüne Haare, blaues Gesicht, fehlt nur der Perserteppich... – Vorsicht, Liebes. Ich kann aus der Blume mit ein, zwei Strichen ein armes Mauerblümchen machen. – Oh ja, Vorsicht ist immer angebracht bei Pablo.

Erst eins, dann zwei

Weil Pablo immer bekommt, was er will, bekommt Françoise ein Kind. Im Mai 1947 wird Claude geboren. Man lebt an der Côte d'Azur. Je älter Pablo wird, desto mehr sucht er die Nähe zu Spanien. Es ginge noch näher. Aber das Örtchen Vallauris bei Cannes hat einen Vorzug: gute Keramikwerkstätten. Denn auch ein Picasso steht mal ratlos vor der Leinwand. Die Krüge und Teller, die er nun mit heiteren Motiven bemalt, sind Lockerungsübungen im Schaffenstief. Man lebt in der Villa »La Galloise«. Françoise kauft das Haus in steiler Hanglage, um Olga zu entgehen. Die ist mal wieder auf der Bildfläche erschienen und fordert ihren Ehemann ein. Pablo denkt nicht dran, Françoise bei diesem Umzug zu helfen. Wegen Olga, pah!, wen stört's, wenn die ein bisschen schubst und keift? Zum Malen kommt Françoise selten. Unter den vielen Besuchern hat auch sie ihren kleinen Kreis. Wichtiger aber wäre ihr Zeit für sich. »Das beste Rezept für eine unzufriedene Frau ist ein Kind. Das bringt Probleme, die den alten die Schärfe nehmen«, meint Pablo. Seine Ideen waren schon origineller!

Als Pablo die schöpferische Flaute nutzt, um zum Friedenskongress in Breslau zu reisen, ist Françoise wieder schwanger. In vier Tagen bin ich zurück, flötet er. Daraus werden Wochen. Na gut. Warum aber sind die Briefchen, die ins Haus flattern, mit »bons baisers, Picasso« gezeichnet? »Beste Küsschen«! Klingt eher nach

»Das beste Rezept für eine unzufriedene Frau ist ein Kind. Das bringt Probleme, die den alten die Schärfe nehmen«, meint Pablo. Seine Ideen waren schon origineller!

Dienstbotenpoesie als nach Pablo, oh!, Picasso. Hat etwa der mitreisende Marcel die Liebesgrüße schreiben dürfen? Als Monsieur vor der Tür steht und bons baisers erwartet, setzt es eine Ohrfeige. Er wusste, was er tut, oder?! Klar, aber eine richtige Frau sieht über so was doch hinweg. Test nicht bestanden, Françoise! Dennoch behandelt er sie nun sehr liebevoll und mit Respekt. Die beiden sind richtig glücklich! Man muss ihn nur zu nehmen wissen, denkt Françoise, diesen Überlebenden aus der Steinzeit. Das Übel ist nicht, dass ich 25 bin und er 66, sondern dass ich 25 bin und er 66 000 Jahre alt ist. Der Höhlenmann in ihm will die Frau schwanger sehen, das macht sie abhängiger. Mich kriegt er so nicht klein!

Am 19. April 1949 bringt Françoise in Paris ein Mädchen zur Welt. Da an allen Litfaßsäulen Plakate mit seiner Friedenstaube hängen, nennt Pablo die Tochter Paloma, das Täubchen. Kurz darauf wird auch Paulo Vater. Einen Enkel zu haben, gefällt Pablo gar nicht. Er ist voll im Saft und alles andere als ein Opa! Wer sich ständig schwach fühlt, ist Françoise. Ohne Hilfe führt sie den Haushalt. Und dann noch Pablos täglicher Kleinkram, all die Termine und Anfragen! Ein Telefon kommt ihm nicht ins Haus – du kannst ja Briefe schreiben, Liebes. Dass sie darauf besteht, Marie-

Thérèse und Maya kennenzulernen, hat einen positiven Nebeneffekt. Nach dem ersten Schreck über die neue Familie von Papa verbringt Maya ganze Tage mit den Halbgeschwistern. Das passt auch Pablo. Der gestressten Françoise und Klein-Claude, dem nun gleich auf zwei Schwestern eifersüchtigen »König der Unruhestifter«, geht er gern aus dem Weg. Er ist halt – bei Bedarf – doch nicht mehr der Jüngste! Oder ist es wieder sein abgekühltes Verhältnis zu Geliebten, die zu Müttern werden? Jedenfalls ist er nun oft in Paris. Man munkelt von einer Geneviève Laporte… Für Szenen hat Françoise weder Zeit noch das Naturell. Aber sie siezt ihn wieder. Wenn Torero Pablo meint, seine Frauen gegeneinander ausreizen zu müssen, empfiehlt sich Distanz!

Papa Pablo

Doch diese Zeit ist auch voller glücklicher Tage. Bei Claude und Paloma ist Pablo ein besserer Papa denn je. Lockerer als früher bei Paulo. Präsenter als für Maya. Zu seinen Hobbys gehört nun das Sammeln von Trödel. Da gehen alle mit und verstauen das Zeug in dem von Françoise geschobenen Kinderwagen. Wenn er in Laune ist, bastelt er daraus witzige Skulpturen und im Nullkommanix die schönsten Spielsachen. Das

> **Es ist still. Claude und Paloma zeichnen, jeder für sich, auf Blätter, die vor ihnen auf dem Erdboden liegen.**

Leben im Süden geht seinen gemütlichen Gang und findet draußen statt, im Garten oder am Meer. Da bringt er Claude und Paloma das Schwimmen bei – obwohl er selbst eine bleierne Ente ist. Sein Vorrat an Faxen und Grimassen ist unerschöpflich, oder, wie Maya später sagt, »er wusste, wie man junge Menschlein unterhält und ernährt«. Maya liebt nur Süßes? Pablo streut eine Handvoll Zucker in den Kartoffelbrei. Paloma isst am liebsten gar nichts? Ein Löffelchen für Maya und eins für Papa geht immer! Wenn

Familienglück ist...: wenn alle malen!

Paloma ihre Puppe gegen Claudes Auto tauscht, und der auch noch beglückt ist, rennt Pablo zum Arzt – kein Problem, Monsieur Picasso, ganz normal in diesem Alter! Und wehe, er hört nachts die Kinder nebenan nicht atmen. Dann muss Françoise sie wecken, um ihm zu zeigen, dass sie noch leben.

Ja, Françoise hat viele Pflichten. Für Pablo zählt nicht die Liebe, sondern der Liebesbeweis. Das allmorgendliche Schüren des Ofens in seinem Atelier in einer alten Parfümfabrik ist so einer. Das Kopieren seiner Bildentwürfe, mit denen er dann herumexperimentiert. Keramiken müssen aus der Werkstatt und die Kinder aus dem Hort geholt werden. Und dann der Beistand bei

Aber nein, Pablo, alle lieben und verehren dich. Du siehst viel besser aus als gestern. Du wirst heute ein wunderbares Bild malen, das spüre ich! Bist du sicher? Ja, ganz sicher!

Pablos mittäglichem Aufstehritual – eine Sache voller Stolperfallen. Erst das Tablett mit dem Frühstück. Dann macht Sabartés mit der Post seine Aufwartung am Bett. Dann darf sich Françoise die Klagen über seine Befindlichkeit anhören, die aktuelle Liste seiner Krankheiten, seinen Weltschmerz im Allgemeinen und den Zweifel an seinem Genie im Speziellen. Aber nein, Pablo, alle lieben und verehren dich. Du siehst viel besser aus als gestern. Du wirst heute ein wunderbares Bild malen, das spüre ich! Bist du sicher? Ja, ganz sicher!

Wenn's gut läuft, ist Pablo von nachmittags bis zwei Uhr früh gut gelaunt im Atelier. Wenn's besser läuft, kommt Françoise auch mal an ihre Staffelei. Am besten läuft es, wenn alle malen (Abb. S. 91). Wenige Striche reichen, und wir erkennen den zugewucherten Garten von »La Galloise«. Man meint das Schnarren der

Zikaden zu hören. Ansonsten ist es still. Claude und Paloma zeichnen, jeder für sich, auf Blätter, die vor ihnen auf dem Erdboden liegen. Sie tun das auf ganz unterschiedliche Art. Claude hockt fast im Lotussitz, der Haltung größter Versunkenheit. Dazu passt das kühl-schattige Blau, die Farbe geistiger Konzentration. Wie ein chinesischer Zeichner arbeitet er mit einer Art Rohrpinsel. Am langen, längeren, überlangen Arm hält er ihn von sich weg, nur die Stiftspitze verbindet den ernsten Jungen mit dem Blatt.

Paloma hingegen – ein süßer Tollpatsch! Gleich auf dem Papier kniend, malt sie hingegeben mit dickem Stummelstift. Sie ist, siehe das fröhliche Rot, Feuer und Flamme für die Welt und ihr Bild, auf das sie die Händchen stützt. Für Claude findet das Zeichnen erst mal im Kopf statt, wo die Vorstellung von den Dingen sitzt. Klein-Paloma aber betreibt ihr Geschäft, als würde sie, was sie malt, »begreifen« und direkt erleben. Aber was malen die zwei denn? Ihre Blätter sind leer! Doch ist da nicht eines wie zum Trocknen aufgehängt? Ein Blatt voller Blätter! Ein Stück gemalte Natur, nahtlos zwischen echte Bäume geschmuggelt. Nicht ganz nahtlos – rechts ist es wie ein Flicken mit Heftstichen am Him-

Alle wollen mich – außer Françoise. Und ich will Françoise. Aber eine andere Françoise. Eine, die sanft ist und mich bewundert und umsorgt.

mel befestigt. Wieder haben wir ein Porträt, das keines ist. Gut, man sieht Claude und Paloma, aber auf der Straße würden wir sie mit diesem Bild im Kopf nicht wiedererkennen. Doch man bekommt eine Idee davon, was Malerei ist: ein sinnlich-zupackender und zugleich im Kopf passierender Vorgang. Picasso erteilt als unsichtbarer Dritter die kleine Lehrstunde – graue Theorie in starken Farben.

Ein Spanier weint nicht

Ende 1953 verlässt Françoise Pablo. Sie hat die falschen Treue-beteuerungen satt und ist es leid, ihre Kraft seinem Wohlbefin-den zu opfern. Kinder hin oder her – sie muss mit sich ins Reine kommen und das Leben ihrer eigenen Generation leben. Pablo ist perplex. Hat nicht stets er den Zeitpunkt für das Kommen und Gehen der Frauen bestimmt? Dass es nun andersrum läuft, ist eine Niederlage. Es zeigt, dass er alt ist, ein Todgeweihter. Ein besiegter Torero. Ein weidwunder Stier. Statt Beifall ein Fall für Mitleid! Das bringt ihm sein Hofstaat reichlich entgegen, auch in Form schöner Frauen, die man ihm vorstellt, in der Hoffnung, seine Lebens- und Liebeslust neu zu entfachen. Danke, nicht nötig. Ich suche nicht, ich finde. Ich habe schon gefunden. Diese und jene. Alle wollen mich – außer Françoise. Und ich will Françoise. Aber eine andere Françoise. Eine, die sanft ist und mich bewundert und umsorgt. Ungefähr so wie die kleine Madame Roque im Keramik-laden in Vallauris... Ja, diese Jacqueline ist wirklich klein – kleiner als ich! Und jünger noch als Françoise, mit ihren 27 Jahren...

 Als Françoise im nächsten Sommer zur Eröffnung des Stier-kampfs auf Pablos Wunsch hin und ihm zu Ehren in die Arena von Vallauris einreitet, sitzt Jacqueline schon neben ihm. »Es lebe

> »Es lebe Pablo!«, ruft die Menge dem Maler-Star im lässigen weißen T-Shirt zu. Aufrecht wie ein Buddha thront er inmitten seines Gefolges.

Pablo!«, ruft die Menge dem Maler-Star im lässigen weißen T-Shirt zu (Abb. S. 95). Aufrecht wie ein Buddha thront er inmit-ten seines Gefolges. Maya ist da, Claude und die hübsche Paloma. Wie junges Blattwerk rahmen sie ihren strahlenden Vater, neben dem sein Dichterfreund Cocteau und Jacqueline die Ehrenplätze

Torero Pablo bei überaus reizender
Beschäftigung – wird er denn nie erwachsen?

haben. Eine schöne Frau, diese Madame Roque, herbschön, mit den dunklen Haaren und Augen. Keine Blume. Eher eine Sphinx. Und was ist ihr Sphinx-Geheimnis? Hingabe. Vollkommene Hingabe. Sie hat gerade eine Ehe hinter sich und ist bereit, sich mit Haut und Haar ihrem Idol zu widmen. »Man kann den armen Mann nicht so allein lassen, in seinem Alter«, verkündet sie. Dass sie ihm

So endet das Jahr 1954 traurig. Umso mehr, als im November Matisse stirbt. Der gute alte Freund-Feind.

zuliebe Spanisch lernt und ihn mit »Monseigneur« anspricht, lässt er sich gern gefallen. Siehst du, Françoise? Von dieser Frau kannst du lernen! Und dann zu mir zurückkommen. Ich verzeihe dir. Was, du wirst heiraten?! So einen jungen Kerl, einen alten Schulfreund? Das willst du mir antun! Ich hoffe, es wird ein Fiasko, du undankbares Ding.

So endet das Jahr 1954 traurig. Umso mehr, als im November Matisse stirbt. Der gute alte Freund-Feind. Der Beste von allen. Pablo malt sich die Trauer von der Seele – in Form von Variationen nach den »Frauen von Algier« von Delacroix. Bilder von anmutig ruhenden Haremsfrauen, die Matisse ihm hinterließ, bringen ihn auf diese orientalischen Schönheiten, denen Jacqueline so ähnelt. Die funkelnde Erotik der Phantasien verdrängt die Angst vor dem Tod. Der aber bleibt ihm auf den Fersen: im Dezember erkrankt Paulo. Er liegt – von Pablo unbesucht – noch in der Klinik, als im Februar Olga stirbt. Und Françoise den anderen heiratet. Keine Tränen, Pablo? Keine Tränen. Ein Spanier weint nicht. Er nimmt eine neue Frau, ein neues Haus und besucht weiter seine Stierkämpfe. Für das Schauspiel Aug in Aug mit Blut und Tod ist Cannes bestens gelegen. Hier steht »La Californie«, eine Villa mit Park und Meerblick, erbaut als Schnörkeltraum eines Sektfabrikanten. Ein gefundenes Fressen für Pablo, der spätestens seit Olga einen Widerwillen gegen den »guten Geschmack« hat! Bald türmt sich in den verspielten Salons Pablos unverkennbare Mixtur von Kunst und Krempel. Auch Küche und Bad sind zu Ateliers umfunktioniert. Für Leben und Duftnoten im Haus sorgen zahllose Vögel, sein Dackel Lump und Ziege Esmeralda. Die Tür bewacht Jacqueline – und wie! Man muss schon zum innersten Zirkel gehören, um zum Meister zu dürfen, oder Gary Cooper heißen, Brigitte Bardot, Maya, Claude oder Paloma. Letztere wohnen hier, als Françoise Flitterwochen macht – in ihrer Traumstadt Venedig, wo Pablo nie mit ihr hin wollte. Bitter, bitter. Zur Strafe gibst du mir alle Bilder zurück, die du von mir hast, meine Liebe. Und Kahnweiler muss sich entscheiden, ob er dich oder mich in seiner Galerie vertritt. Maya aber entscheidet sich, mehr auf Distanz zu gehen zu diesem Mann, der ihr geliebter Papa ist, aber auch ein alles und jeden verschlingendes grausames Ungeheuer. Wieder eine Frau, die ihn verlässt!

Der lange Abschied

Eine bleibt: Jacqueline. Weiß sie von Pablos Heiratsantrag an Marie-Thérèse? Dass die nach all den Jahren des Wartens dan-

> **Sanft, aber energisch weiß Jacqueline mit dem ewig jungen Genie und endlich alten Don Juan umzugehen.**

kend ablehnt, konnte er nicht planen. Oder doch? War das Ganze eine der üblichen Finten, um zwei Frauen gegeneinander auszuspielen, à la »Fühl dich nicht zu sicher, Jacqueline«? Jedenfalls war das sein letzter Streich. Sanft, aber energisch weiß Jacqueline mit dem ewig jungen Genie und endlich alten Don Juan umzugehen. Sie ist Mutter, Krankenschwester, Geliebte, Modell – Königin und beherrschendes Monster in einem. Wie manche Vorgängerin gibt sie das eigene Leben völlig auf, doch anders als diese hat sie einen über Siebzigjährigen vor sich, bei dem sie sich unentbehrlich zu machen weiß. Freunde sehen das neue Regiment mit Bewunderung und Schaudern. Wenn sie denn vorgelassen werden! Wer ins Haus kommt, darf nicht damit rechnen, Picasso auch zu sehen. Erst hört er von Jacqueline Sätze wie »Was macht er

Nicht, dass man ihn vergessen hätte – oh nein, die Ehrungen folgen aufeinander wie Perlen an der Schnur. Spätestens seit 1960 gilt Picasso als Jahrhundertgenie.

denn, mein Herr und Meister? Ich höre Zeus nicht mehr donnern. Geht es jetzt voran?« Hm. Ist das Anbetung oder Ironie? Wer jederzeit stören darf, ist Pablos Friseur Arias. Der ist waschechter Spanier, alter Widerstandskämpfer und glühender Anhänger des Stierkampfs. Wenn die zwei eine Corrida besuchen, sind Kenner unter sich. Für Möchtegern-Machos wie diesen amerikanischen Literaten Hemingway haben sie nur ein müdes Lächeln übrig. Da fachsimpeln sie lieber mit den Toreros. Auch Pablos Stierkampf-Radierungen der berühmten »Tauromachia« von 1957 gehören in diese Männerwelt. Die Frauenwelt hat für Pablo nur noch einen Namen: Jacqueline. Ob die Variationen nach Velázquez' »Hoffräulein« oder die farbsatten Bilder zum Thema »Maler und Modell«, die er nun malt – stets ist sie im Bilde. Andere Frauen sind ebenso weit weggerückt wie Paris mit seinen immer neuen Kunstströmungen und intellektuellen Zirkeln, die früher Pablos täglich Brot waren. Nicht, dass man ihn vergessen hätte – oh nein, die Ehrungen folgen aufeinander wie Perlen an der Schnur. Spätestens seit 1960 gilt Picasso als Jahrhundertgenie.

Die mythische Überfigur zieht sich immer mehr aus der Welt zurück. 1958 kauft Pablo Schloss Vauvenargues bei Aix-en-Provence. Die raue Landschaft um den festungsartigen Bau erinnert ihn an Spanien. Jacqueline hasst das einsame Anwesen, dessen Zypressen und unzählige düstere Säle bald auch Pablos Gemüt verfinstern. Selbst seine sonst allen Stürmen trotzende Kreativität erlahmt in den hallenden Hallen! Nach der stillen Hochzeit im März 1961 ziehen die beiden nach Mougins, in ein schön restauriertes Haus mit modernem Komfort. Für Abgeschiedenheit sorgt die Hügellage und, mehr denn je, Jacqueline als Wachhund.

Pablos achtzigster Geburtstag im Oktober des Jahres gehört zu seinen letzten großen Auftritten. Viertausend geladene Gäste feiern mit ihm in Vallauris, wo für Pablo ein Stierkampf stattfindet. Dann zieht es ihn wieder ins Atelier. Aus Schaffenslust wird Schaffenswut. Als könnte er damit das nahende Ende bannen, arbeitet er wie besessen. Aus dem »Ich male so, wie ich atme« wird die Devise: »Ein Bild malen ist wie der Tod in der Arena.« Stil und sorgfältige Ausführung interessieren bei diesem zornigen Kampf nicht, den er oft mit alten Meistern ausficht, deren Werke er wieder und wieder variiert. Darüber hinaus malt er Frauen voller Sinnlichkeit. Frei wie die erotischen Phantasien ist sein Pinselstrich, der die Kritiker der Zeit ratlos macht. Ist dieses grobe

»Das Geheimnis der Kunst liegt darin, nicht zu suchen, sondern zu finden.«

Geschmier noch Kunst oder letzte Zuckung eines sich selbst überlebenden, verzweifelten Genies? Jedenfalls sind die Bilder Abschiede. Diese beherrschen die folgenden Jahre, seien es die letzten Besuche von Orten und Menschen, das Rauchen, das er nun lassen muss, oder die ihm abverlangte Räumung seines Pariser Ateliers, die ihn mindestens so deprimiert wie der Tod von Braque und Cocteau. Nach dem neunzigsten Geburtstag verschlechtert sich Pablos Gesundheit. Er ist schwach und liegt nur noch im Bett. Selbst seine Kinder will er nicht sehen. Zumindest laut Jacqueline, die alle Besucher barsch abweist. So ist, als er am 8. April 1973 stirbt, außer ihr nur sein Arzt bei ihm. Auch zum Begräbnis im verschneiten Park von Vauvenargues ist von den Kindern nur Paulo eingeladen. Dann schließen sich die Tore. Erst im Jahr 2009 öffnet sich die Pforte des Schlosses für einige Wochen und wenige Auserwählte. Für sonstige Besucher heißt es: »Das Museum ist in Paris!« Oder, à la Pablo: »Das Geheimnis der Kunst liegt darin, nicht zu suchen, sondern zu finden.«

Olé! Aua!! Oje!!! »Ich bedauere, nie
Comics gezeichnet zu haben«, sagte
Picasso rückblickend – dabei war er als
Achtjähriger auf dem besten Weg dazu.

Kunst wäscht den Staub des Alltags von der Seele. **Pablo Picasso**

Zeitleiste

Am 25. Oktober wird Pablo Picasso in der spanischen Stadt Málaga geboren. Bereits mit sieben Jahren malt er »richtige« Bilder.

Picasso besteht die Aufnahmeprüfung an der Kunsthochschule in Barcelona. Ein Jahr später hat er schon sein erstes eigenes Atelier.

1901 werden Picassos Bilder erstmals in einer Ausstellung gezeigt. In den folgenden Jahren macht er sich mit den Werken der »Blauen Periode« einen Namen.

Die Bilder der »Rosa Periode« entstehen.

| 1881 | 1895 | 1901–1904 | 1904–1907 |

In Südafrika endet im Mai 1902 der Zweite Burenkrieg. 1903 findet die erste Tour de France statt.

Iwan Pawlow erhält 1904 den Nobelpreis für Medizin.

Gebt mir ein Museum, und ich werde es füllen. **Pablo Picasso**

Mit dem Gemälde »Les Demoiselles d'Avignon« beginnt 1907 die kubistische Phase von Pablo Picasso.

Ab 1913 entwickelt Picasso den Synthetischen Kubismus und erfindet die Collage.

Picassos klassische Periode beginnt. Er heiratet Olga Koklowa, eine russische Tänzerin.

1907	1913	1914	1918

Ausbruch des Ersten Weltkriegs.

Der Erste Weltkrieg endet.

Manche Maler machen aus der Sonne einen gelben Punkt.

Erschüttert durch die Ereignisse des Spanischen Bürgerkriegs malt Picasso das berühmte Antikriegsbild »Guernica«. Das Werk wird noch im gleichen Jahr auf der Weltausstellung in Paris gezeigt.

Die junge Marie-Thérèse Walter wird Picassos Geliebte und Modell.

Picasso lernt Dora Maar kennen, mit der er neben der Beziehung zu Marie-Thérèse Walter ein Verhältnis eingeht.

| 1927 | 1929 | 1936 | 1937 |

Charles Lindbergh überfliegt als erster den Atlantik.

Kursstürze an der New Yorker Börse lösen eine Weltwirtschaftskrise aus.

Der Spanische Bürgerkrieg wird von 1936 bis 1939 zwischen den Regierungsanhängern und den Putschisten unter General Franco ausgetragen.

Andere machen aus einem gelben Punkt eine Sonne. **Pablo Picasso**

Pablo Picassos Mutter stirbt.

Picasso lernt die Malerin Françoise Gilot kennen. Mit ihr lässt er sich in der Provence in Frankreich nieder. Die beiden haben zwei Kinder, Claude und Paloma.

Gegen Ende des Krieges malt Picasso »Das Beinhaus«. Fotos aus befreiten deutschen Konzentrationslagern geben dafür den Anstoß.

1938   **1939**   **1943**   **1945**

Der Zweite Weltkrieg beginnt mit dem Angriff des deutschen Reichs auf Polen.

Ende des Zweiten Weltkriegs.

Ich suche nicht, ich finde!
Pablo Picasso

Pablo Picasso entwirft für den Pariser Weltfriedenskongress seine berühmte Friedenstaube. Dafür erhält er den Weltfriedenspreis.

Picasso trennt sich von Françoise und kommt mit Jacqueline Roque zusammen. Mit Jacqueline bleibt er 20 Jahre zusammen und malt mehr als 70 Porträts von ihr.

Der Regisseur Henri-Georges Clouzot dreht einen Film über Picasso.

Picasso kauft das Schloss Vauvenargues bei Aix-en-Provence. Hier malt er wie besessen, widmet sich aber auch der Bildhauerei und der Keramik.

1949   **1953**   **1955**   **1958**

Der Warschauer Pakt wird unterschrieben. Am 18. April stirbt Albert Einstein.

In Brüssel wird die Expo mit ihrem Wahrzeichen, dem Atomium, eröffnet.

> **Die Malerei ist stärker als ich; sie zwingt mich zu machen, was sie will.** Pablo Picasso

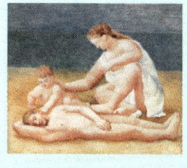

Zu Picassos 90. Geburtstag findet im Louvre in Paris eine Ausstellung statt, die sein Lebenswerk zeigt. Pablo Picasso war der erste Künstler, der bereits zu Lebzeiten im Louvre ausgestellt wurde.

Picasso stirbt am 8. April im Alter von 91 Jahren in seiner Villa Notre-Dam-de-Vie. Er wird im Garten des Schlosses Vauvenargues bestattet. Picasso hinterlässt ein riesiges Erbe.

Selbst für engste Freunde überraschend heiraten Picasso und Jaqueline am 14. März 1961.

1961   **1969**   **1971**   **1973**

Neil Armstrong betritt als erster Mann den Mond.

Die Kunstwerke in diesem Buch

S. 6
Paul als Harlekin, 1924. Musée Picasso, Paris.

S. 14
Wissenschaft und Nächstenliebe, 1897. Museu Picasso, Barcelona.

S. 21
Das Blaue Zimmer, 1901. The Philipps Collection, Washington.

S. 25
Meditation, 1904. Sammlung Mrs. Bertram Smith, New York.

S. 29
Die Gauklerfamilie, 1905. National Gallery of Art, Washington.

S. 35
Les Demoiselles d'Avignon, 1907. The Museum of Modern Art, New York.

S. 39
Ma Jolie, 1911/12. The Museum of Modern Art, New York.

S. 43
Stillleben mit Rohrstuhlgeflecht, 1912. Musée Picasso, Paris.

S. 47
Bildnis Olga in einem Sessel, 1917. Musée Picasso, Paris.

S. 50/51
Familie am Meer, 1922. Musée Picasso, Paris.

S. 54
Der Tanz, 1925. Tate Gallery, London.

S. 58
Der Traum, 1932. Sammlung Mrs. Victor W. Ganz, New York.

S. 63
Bildnis Dora Maar, 1937. Musée Picasso, Paris.

S. 67
Frau und Kind, sich umschlungen haltend, 1938. Privatsammlung.

S. 75
Weinende Frau, 1937. Musée Picasso, Paris.

S. 82
La femme fleur (Porträt Françoise Gilot), 1946. Sammlung Françoise Gilot.

S. 91
Claude und Paloma beim Zeichnen, 1954. Privatbesitz, Newark (N.J.).

S. 101
Stierkampf und Tauben, 1892. Museu Picasso, Barcelona.

Die Fotos in diesem Buch

Auf dem Einband und auf S. 111
Picasso vor seinem Bildhaueratelier La Fournas, einer stillgelegten
Parfumfabrik in Vallauris, 1953.
Foto: Edward Quinn, © edwardquinn.com

S. 70
Picasso bei der Arbeit an »Guernica«
Foto: Dora Maar

S. 95
Picasso beim Stierkampf
Foto: Anonym

© Prestel Verlag, München · Berlin · London · New York, 2010
© für die abgebildeten Werke von Pablo Picasso bei: Succession Picasso/
VG Bild-Kunst, Bonn 2010

Die Deutsche Nationalbibliothek verzeichnet diese Publikation in der Deutschen
Nationalbibliografie; detaillierte bibliografische Daten sind im Internet über
http://dnb.d-nb.de abrufbar.

Prestel Verlag, München
in der Verlagsgruppe Random House GmbH
www.prestel.de

Projektleitung: Doris Kutschbach
Lektorat & Satz: Christiane Weidemann, Berlin
Bildredaktion: Rahel Goldner
Typografie & Gestaltungskonzept: Magdalene Krumbeck
Herstellung: Miriam Horwath
Art Direction: Cilly Klotz
Lithografie: Reproline Mediateam, München
Druck und Bindung: Tlaciarne BB, spol. sr.o.

FSC
Mixed Sources
Product group from well-managed
forests and other controlled sources
Cert no. SGS-COC-004236
www.fsc.org
© 1996 Forest Stewardship Council

Verlagsgruppe Random House FSC-DEU-0100
Das für dieses Buch verwendete FSC-zertifizierte Papier
Tauro Offset liefert Papier Union GmbH, Deutschland

ISBN 978-3-7913-7035-4

Weitere Bände aus der Reihe »Lebensgeschichten«:

Dagmar Feghelm
Frida Kahlo
Die Lebensgeschichte
ISBN 978-3-7913-7023-1

Bettina Schümann
Gustav Klimt
Die Lebensgeschichte
ISBN 978-3-7913-7033-0

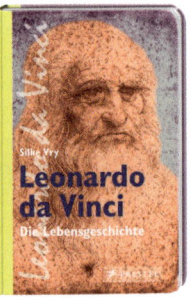

Silke Vry
Leonardo da Vinci
Die Lebensgeschichte
ISBN 978-3-7913-7022-4

»Wir modernen Frauen
können von Frida lernen, sie hat
immer gemacht, was sie wollte.«
Salma Hayek über Frida Kahlo

»Heutzutage kann kein Künstler
mehr mit diesem Genie verglichen
werden.« Andy Warhol über Leonardo da Vinci

»Ich interessiere mich nicht für die
eigene Person – eher für andere
Menschen, weibliche…« Gustav Klimt

www.prestel.de